哲学書概説シリーズ Ⅱ

スピノザ『エチカ』

河井 徳治 著

晃 洋 書 房

シリーズ刊行にあたり

このたび「哲学書概説シリーズ」を刊行することになりました。

先の見えない複雑な時代になればなるほど、ひとは考える営為を要し、判断力を養わなければなりません。今こそ哲学の名著を繙き、基礎的思考モデルを東西の叡智に学ぶときではありませんか。

この度の企画は、こうした時代的状況下にあって、改めて見通しの立て難い世界の下での人間の生きざまを顧慮しつつ、特に人生の岐路に立ち竦む若者たちのためになされました。

それぞれの哲学者たちの代表的名著について、これまでおのれの生涯をかけて研鑽してこられた諸先生方に、そうした若者たちに呼び掛ける力強い言葉をお願いしました。紡ぎ出された言葉は、やがて練り上げられあなた方の思惟を形作ることになるでしょう。

困難なこの時代を把握するための思惟の力が、ここに目覚めるに違いありません。

編集委員　木田　元
池田善昭
三島憲一

目次

はじめに

この本は、筆者がこれまでにスピノザの著作を通して得た観点から、スピノザの主著『エチカ』についてその解題を試みたものであって研究書ではない。『エチカ』には定義、公理、定理という幾何学的な秩序で書かれた特異なスタイルがある。これが余計に取り付きにくい感じを与えるだろう。だからそれらの中から主要な命題を辿りながら、三百数十年以上も前に書かれた哲学書を、少々縁遠くなってきた当時の用語の説明も入れて、馴染み易い表現で解説したい。

われわれ現代人にとってこうした試みがなぜ必要なのかと言えば、西欧の一七世紀が近代科学の発祥の時代であると同時に哲学による原理探求の時代でもあったから、その時代の哲学は今日にまで及ぶ自然観、人間観、社会観の淵源となっていて、現代のさまざまな課題を見据えるためにも、遡って考えてみる必要があるからだ。わけてもスピノザは「神は自然である」という当時はきわめて衝撃的な哲学原理を打ち出し、少数の信奉者は別にして「呪われた者」と厭われた哲学者であった。

バルーフ・デ・スピノザ（一六三二〜七七）は一七世紀、近代化という点ではもっとも先進的な、スペインの支配から独立して間もない新興国のオランダで活躍した哲学者として知られている。デカルト、スピノザ、ライプニッツと並べられ、英国の経験論者とは異なり大陸合理論者と呼ばれる中に数えられる。しかしスピノザの出自はスペインから追われたユダヤ人である。ユダヤ教から破門され自由思想家としてレンズ磨きで生活した「非ユダヤ的ユダヤ人」の筆頭に挙げてよい人物である。だからその思想内容は同じ合理主義の思想家である他の二人とは少々異なるとも言えるだろう。デカルトやライプニッツがキリスト教神学の伝統的な立場と親和的でありながら、合理的で革新的な哲学原理を構築しようとしたのに対して、スピノザはユダヤ教、キリスト教の神学をタブーとせず、それらに対しても合理主義的な態度を貫く哲学原理を求めたからである。「神即自然」というのが彼の哲学を象徴する言葉となっているが、創造者である神を被造物である自然と同等に扱ったという誤解によって焼き付けられた「無神論者」という烙印は、長い間なかなか拭えなかった。

彼の著書は『エチカ』や『国家論』を含む『遺稿集』が没後すぐ信奉者によって出版されたが、著者名はもちろん出版社も題目も秘匿された。『神学・政治論』はすでに一六七〇年に著者名を秘し出版地を偽って刊行されていたが、ホッブズの『リヴァイアサン』とともに一六七四年に発禁処分に遭っている。いまでこそ聖書を歴史的批判的に解釈するという彼の手法は近代聖書解釈学の嚆矢と言ってよい。しかしその歴史的批判的な解釈は、当然ながら主要セクトであった改革派教会の指導者たちが民衆を政治的に煽動し利用する動きに対して、強力な批判的機能を果たしたからである。ベネディクトゥス（祝福された者）という彼のラテン語訳名をもじって「マレディクトゥス（呪われた者）」と蔑まれたゆえんである。

およそ百年後の一八世紀も半ばを過ぎて、おもにドイツにおける疾風怒濤の時代と言われた啓蒙期の文学や哲学の分野でスピノザの復興が始まる。スピノザは改めて新鮮な眼差しで受け止められた。文学者にその代表を求めるならばゲーテであろう。彼は人生の岐路で三度『エチカ』を読んだと言われる。シェリングもヘーゲルも、スピノザの神を哲学的な神として理解し、それに基づいて自然を解釈し、スピノザの哲学を糧にしながらそれを批判し乗り越えようとして、彼ら自身の哲学をアピールしたと言えなくもない。

ともあれスピノザに関する研究が大きく進展したのは、『エチカ』の前身とも言われる『神・人間及び人間の幸福に関する短論文』（略称『短論文』）や『虹の計算』『確率の計算』などの短い論文、いくつかの書簡が新たに発見されて一九世紀後半には彼に関する資料が出揃い、一九世紀末から二〇世紀にかけて、フロイデンタールの客観的な資料研究や伝記が相次いで出版され、一九二五年に今日底本となっているゲープハルト版全集四巻（第五巻は編者の注解を中心に後年刊行）が出版されてからのことだと言ってもよい。

日本におけるスピノザ思想の影響は神即自然という形而上学的原理に親近感が得られたからか、すでに明治期から西欧思想の受容の歴史の中で脈々とその魅力が伝えられてきた。『時と永遠』で知られる波多野精一は、スピノザについてすでに渡欧前の明治三六年から三八年にかけてドイツ語による「スピノザの汎神論における内在思想」と「属性とその認識の平行論に関するスピノザの教説」という二つの論文を書き、帰国後にそれで学位を得た。このテーマはのちに見るようにまさにスピノザ思想の核心を衝いている。ギリシャ哲学の翻訳や研究で知られた出隆も、卒業論文はスピノザであった。

とりわけ畠中尚志による『知性改善論』の邦訳が昭和六年に岩波文庫で世に出てからは、スピノザの思想の魅力はより浸透した。次いで畠中が翻訳し出版したのは昭和一五年の『国家論』であり、続く『神学・政治論』である。驚くことに、その初版は太平洋戦争中の昭和一九年のことである。その緒言を一読すれば、直ちにそれが「思策の自由」を奪う国家・宗教に対する激烈な批判だと気付くはずなのに、検閲の厳しい中で出版されているのである。戦後になって『エチカ』を含めてラテン語で書かれた主要な著書、『短論文』は当時のオランダ語訳からだが、それらの邦訳は『スピノザ往復書簡集』も含めて昭和二〇年代から三〇年代にかけて畠中の尽力で殆ど岩波文庫に収まった。

以後今日に至るまで、内外のスピノザ研究は多彩な成果をもたらしている。従来からの彼の形而上学や認識論に関する研究の進展は、戦前の優れた研究を蘇らせ、新たな研究成果を次々と生み出した。特筆すべきは内外で彼の社会哲学に脚光が当てられ、彼の民主制を根幹とする国家論に注目が集まった点であろう。またナチスを逃れ、後年アメリカで活躍したレオ・シュトラウスの若き日の著作「『神学・政治論』におけるスピノザの聖書学に基づく宗教批判」（一九三〇）が脚光を浴び、スピノザの聖書研究にも関心が寄せられ、信仰と理性の関係が改めて問われてもいる。また最近では自己保存原理のホメオスタティックな性格から環境学への関わりや心身関係に関しては脳科学の面からも注目されている。

こうした多岐に亘る関心を喚起するところにこそ、他ならぬ哲学による原理的考察の意義があるとも言えるだろう。

一九八五年には、世界のスピノチストを糾合するSpinoza Societyがドイツ・オランダ・フランスの研究仲間を中心に組織され、第二次大戦の間の空白を埋めるかのようにドイツのヴァルター教授を主幹として年報“Studia Spinozana”が刊行されている。本邦でも一九八九年にスピノザ協会が設立され、年報『スピノザーナ』（学樹書院）を刊行している。

冒頭で断わったように、この本は研究書ではない。そのために思い切って章末などの注は省き、理解を促すために本文に注を括弧で補い、引用文にも傍点を付すだけに止めた。研究資料は諸氏の成果が多数あるから別途それを参考にして頂きたい。しかし、この本を読んで頂くために参考資料を二、三、スピノザの伝記について挙げておきたい。その生涯を念入りに紹介できなかったからである。

一、J・M・リュカス＝J・コレルス著、渡辺義雄解題＋翻訳『スピノザの生涯と精神』学樹書院（原版理想社、一九六二)。

二、清水禮子『破門の哲学――スピノザの生涯と思想』みすず書房、一九七八。

三、J・フロイデンタール著、工藤喜作訳『スピノザの生涯』哲書房、一九八二。

一はもっとも古いスピノザの伝記であり訳者の解説も詳しい。二はユダヤ教破門の事情をリアルに描いている。三は先に述べたようにフロイデンタールが詳細な資料に基づいて描いた伝記である(一九〇四)。フロイデンタールの資料は、先のヴァルター教授たちが新たに補ってドイツのフロムマン社から出版されている(二〇〇六)。

この本を読んで頂くには、できれば岩波文庫の畠中尚志訳『エチカ』上、下二巻を用意下されば有り難い。世界の名著シリーズには工藤喜作・斉藤博訳『エティカ』があり下村寅太郎の解説も参考になろう。新訳として興味深い佐藤一郎編訳『スピノザ・エチカ抄』(みすず書房、二〇〇七)もある。新たな全集の刊行も予定されているが、いまのところ岩波文庫の畠中訳がもっとも入手しやすい。

難解とされる『エチカ』が、この小著で多少とも腑に落ちるかたちになれば、著者としてそれにまさる喜びはない。数々の貴重な助言を頂いた平尾昌宏学兄のお蔭でもある。

二〇一〇年一〇月

著　者

序章　スピノザの視点

エチカとは　一七世紀にスピノザが残した『エチカ』が哲学の名著とされるゆえんは、そもそもどこにあるのか。

「エチカ」は「倫理学」と訳される。つまり倫（なかま）の理（ことわり）、人間関係の筋道を考究する学問を指す。いかにも堅苦しい感じがするかもしれないが、この学問の創始者である古代ギリシャのアリストテレスには禁欲主義を説く気はさらさらなく、きわめて大らかな人間観察に基づいて最高善とは何か、幸福とは何かを解明して見せようとしたのである。スピノザもじつはこのアリストテレスの伝統に従っている。ただ、ルネッサンスや宗教改革を経て新しい近代科学の発祥とともに生まれた近代の思考方法に拠る倫理学を確立しようとした点が異なる。そしてその『エチカ』を自らの主著に選び、友人たちに草稿を示し死に至るまで推敲を重ねた訳だ。そこで倫理学についてのアリストテレスの基本的な考え方を『ニコマコス倫理学』から少しばかり紹介し、スピノザの倫理学との違いがどこにあるのかを見ておこう。

エチカ（ethica）は住み処を意味するギリシャ語のエートスを母語とするラテン語である。一定の住み処で人々が暮らすためには慣習や道徳、規範が生まれる。古代ギリシャではそれぞれのポリスがその母体であったのだが、アリストテレスは、こうしたエートスの基底となるものが何かを問い、人間存在にとって求めるに値するもの（善）が数ある中で、それらを統括する究極の善を明らかにし基礎付ける哲学を実践哲学として確立し、不変なもの、必然的なものを求める理論的な哲学、つまりは自然学や形而上学の課題から区別したのである。

アリストテレスは、実践上の判断について目的と手段の区別とその連鎖を発想の原点に据える。「人は何のために生きているのか」という問いに、もしむなしさを感じることがあるとすれば、それはさまざまな目的、それらが要するに「善」なのだが、その希求するさまざまな善が確固たる一点に収斂せず発散してしまうからだと考える。そして人々が希求するさまざまな善を有機的に統括する究極の目的、最高善が何かを問い直すのである。

そうした行為の判断能力は「思慮」と呼ばれるが、「技術」もそれに類する実践的能力である。学知（科学の知）やヌース（形而上学の知）が不変で必然的なもの、要するに法則や原理を追究する能力であるならば、倫理的判断を行う思慮や制作的な能力である技術は変化し生成消滅するこの世界に関わる。例えば他人に対する接し方はさまざまだし、技術はもちろん日進月歩だ。ただ技術は手段にすぎないのに対して、「善き行為をするということはそれ自体が目的である」という点で、同じ実践的判断でも思慮と技術には違いがある。例えば他人に親切をするということが、下心があってそのための手段であるとすれば、それはもともと親切とは言わないだろう。

こうして技術者の果たす機能は、医術は健康を、造船は船を、家政（経済）は富をという具合に、それぞれが目指す目的のために発揮され、その目的にそれぞれの善がある訳だから、アリストテレスは技術が思慮に従属すると考えた。ではそれらの諸善を統括する究極目的、最高善は何か。それは幸福である。幸福とは何か。自ずから足りること、自足することである。ただし自分だけが自足すればいいとは言わない。「親や子や妻や、ひろく親しい人々、さらに国の全市民をも考慮にいれた上で充分ということだ。人間は本性上ポリス的なものにできているから」と言う。人間は社会的動物であるという言葉はここからくる。ポリスなしには人間存在は考えられなかったのである。

それにひきかえ、近代になると事情は逆転する。ポリスの崩壊とヘレニズム世界への展開、ローマ帝国、キリスト教の支配と続く中で、社会形成と政治形態に対する考え方が伝統的コミュニティーを母体にする見方から権力支配を母体とする考え方へと大きく転換した。ホッブズが「万人の万人に対する戦い」という言葉で人間存在の自然状態を表現しているように、人間本性に社会性が宿るとは見ていない。これを承けたスピノザも人間が本性上社会的であるとは言わない。それにも拘らずホッブズが国家を求めたのと同様にスピノザも、人間がその幸福実現のために共同体を求めざるを得ないと

『国家論』で強調する。生きるには人々の絆が必要なのだ。『エチカ』第四部はこの点を明らかにしようとする。

幸福あるいは自足はどこに実現できるか　アリストテレスの倫理学の考え方について、いま少し触れておきたい。先に挙げた「自ずから足りる」という状態は、他のために望まれるのでなくそれ自体で望ましい状態であり、だから最高善が「幸福」でありそれが「自足」だと言い直したが、その自足は「機能を発揮すること」とも言い換えられる。食欲や性欲を充たすこと、人に親切をすること、疑問を解くこと、そうした人間の営みのいずれにも快が伴うのは、それらに人間の「機能（ergon）が働いている」（エネルゲイア）からである。共同体の成員の幸福を実現するには共同体の政治が善くないといけない。ポリスの運営という社会的分業の中で、各人が自らの適性と能力に応じて適材適所でその能力を発揮するところに、それぞれの自己実現の充実感、幸福が成り立つことになる。しかしそれだけなら蜂や蟻の共同体にも言えることであって、ことさら人間だけについて語ることもない。だからアリストテレスは政治が善く行われる目的は、各人がそれぞれに「人間の機能」を発揮することで得られる自足を実現することだとした。

人間の機能とはどういうことか。アリストテレスはそれを観照的生活と名づける。つまり人間には政治が直接関わる実践的生活とは別に、閑暇（スクールの語源でもあるスコレー）、いまの言葉で言えばゆとりを得て人間独自の機能であるヌース（理性）を発揮する生活がある。人間本来の機能を発揮するとは、ヌースの機能を発揮することである。政治の目的も人々がそれを発揮するように仕向ける点にあった。

ではヌースは何を知ろうとするのか。「観照する theorein」とはどういう機能なのか。それは過ぎ去ることのない「永遠の今」を観照することに働く。永遠の真理や美を洞察する機能、一言でいえばそうなる。その機能は「永遠から今を見る働き」であるから不滅の魂に属するわけで、この働きの自覚は、自己の魂の不滅の自覚と重なる。こうしてアリストテレスのヌースは、もっとも高度な魂の働きになる。動物と異なる人間の独自性はそこにある。ちなみに今日の科学知は、ヌース（理性）の働きへの道を遮断して技術的革新と経済効率的処理能力に局限し、観照的生活を見失わせていると言えるかもしれない。

アリストテレスとスピノザの共通点と相違点　このようにアリストテレスの説く倫理学の要点を挙げてみると、スピノザの『エチカ』の構成がそれと微妙に重なって見えてくる。人間が本性的に具えた機能が働くエネルゲイアという状態を、スピノザはラテン語のアクトゥス（現実状態）と呼び、「本性的なものの活動」には喜びが伴うという受け止め方は、『エチカ』第三部の感情論で詳細な根拠付けを得てスピノザで活かされる。「観照する」（テオレイン）という言葉は contemplari（観想する）というラテン語に置き換えられ、知的な洞察（知的直観）として第五部で多用され、まさにそれによってスピノザが神とよぶ「永遠で無限なるもの」を自らのうちに自覚する。このことこそ、スピノザの『エチカ』の究極の狙いであった。

とはいえアリストテレスとは決定的に異なる視点も明らかになる。アリストテレスによれば、倫理学説は根源的な原理にまで遡ってそこから始める必要はなかった。人々は何が善かということは心得ている、なぜそれが善なのか、という点を根拠付ければよいと言う訳だ。アリストテレスにとっては、倫理学の仕事は善にせよ正義にせよ徳にせよ、強固な理論的基礎付けさえ与えればよかった。ポリスという確固とした社会的基盤があったからである。既成の諸見解を掘り崩し「道徳的回心」を求める必要はなかった。ところがこの回心を求めたのがスピノザだ。新たな原理のもとで善や正義や徳などの倫理的価値概念を鋳直さねばならなかった。

スピノザのエチカの特徴

『エチカ』の第一部が形而上学の課題である存在論を、第二部が自然学の原理と認識論を扱い、第三部が人間論を前提にした感情論で構成され、第四部、第五部に至って初めてアリストテレスの倫理学と重なるテーマが扱われるのは、彼の倫理学がこうした原理に遡って始まるからである。社会や国家の在り方は改めて『神学・政治論』や『国家論（政治論）』で問われる。だから『エチカ』は哲学の原理的課題を問うことになった。もちろん原理への問い自体は一七世紀の偉大な哲学者たち、デカルトにもホッブズにもライプニッツなどにも共通する。物理学ではガリレオが居る。要するに一七世紀の西欧の哲学は原理探求の時代であったのである。

スピノザはなぜ倫理学にこだわったのか。その出発点には近代科学の考え方と新しい世界観に出会ってユダヤ教会から破門され、日常の会話はもちろんのこと、社会的経済的にもユダヤ人ゲットーから永久に絆を断ち切られた彼の生き様が如実に反映している。

デカルトの哲学上の関心が、確実な知識を得るためにはどのように「私」の思考を導くべきかを問題にしたとすれば、続くスピノザは、人生の虚しさを克服し真に幸福を与える善を得るには「私」はどうすればよいかを問題にしたと言えるであろう。『知性改善論』には、このような問いに直面した「私」を「瀕死の病人」が懸命に処方箋を求める姿に喩える場面がある。ここで問いを発するのは近代の自覚的な個人である。その問いは個人が確実な知識をその生き方に活かす哲学、つまりは宗教的救済にも比肩できる近代のエチカの創立へと向かわせることになった。

目的論的世界観への批判と発生論的世界観

『エチカ』の第一部「神について」の最後にある「付録」の主題は、彼が神について述べてきた事柄の証明を著しく妨げるいくつもの偏見があることを指摘して、それらの偏見を目的論的自然観に集約し、その目的論を批判する点にある。

「すべての偏見は次の一偏見に由来している。つまり一般に人々は、すべての自然物が自分たちと同じく、目的のために働いている、と想定しているだけでなく、むろん神自身が、すべてをある一定の目的に従って制御していると確信している点にある」。

スピノザはこのような目的論的教説が、じつは「自然をまったく顚倒させる」、つまり原因と結果の関係を逆転し、本性上先立つものをあとにしていると批判するのである。そして「自然はなんら目的を立てず、またすべての目的因は人間の想像物以外のなにものでもない」として、目的論的自然観をまったく否定する観点を打ち出したのである。スピノザのこの確信の背景には、こうした偏見に気づかせてくれた数学、加えて新たな実証的自然科学の観点とその成果があった。

「目的には関係せずに単に図形のもろもろの本質と特質とにのみ関係する数学が、真理のもう一つ別の規範を人間に示さなかったとしたら、この理由一つだけでも真理は永遠に人類に秘められたであろう」。

つまりスピノザは、原因を目的因でなく起成因に限って考察する幾何学の証明や実証科学の手法、つまり「真理のもう一つ別の規範」に従って『エチカ』の考察を進めようとしたのである。当然その倫理学は、先に述べたように目的‐手段の連鎖を基軸に最高善や幸福を考えるアリストテレスの倫理学とはちょうど対極の観点に立つことになる。目的因の対極に当たるのは、起成因（causa efficiens）つまり「結果を惹起する原因」のことである。作用因ないし作動因とも訳されるが、スピノザの場合それではいささか意を尽くさない。

ではアリストテレスの考え方とは、どこがどのように違うのか。それを知るにはアリストテレスの『形而上学』にまで遡らなくてはならない。その違いを鮮明にするために必要な二点だけに限って見ると、一つは彼の四原因説でありもう一つは彼の生命観である。

事物の存在の原因をアリストテレスは四つあると考えた。目的因、形相因、質料因、起成因の四つである。人工物を例に挙げてみる。銅像がここに一体在るとしよう。造る目的がなければ銅像は造らない。古代の遺物で目的不明のものがあるのは、目的因が造る側の念頭にはあっても、その物自体には含まれていないからである。また像の形が銅像にしているのだから、これも存在の原因つまり形相因であり、これも作者の念頭に在る。また銅という素材は木像でなく銅像にする質料因だ。そして質料に形相を与える働き、それが起成因であり技術の役割である。銅像が現に存在するためには以上の四つの原因が働いていなくてはならない。

起成因はその中で銅像を、目的に達することで完成した状態に仕上げる役割を果たす。制作物に含まれて観察して分かる原因は「何から成り、いかにして成るか」の質料因と起成因だけである。質料を変化させるのは起成因だから、アリストテレスの目的因を主原因とする観点の対極に、起成因を主原因と見なす観点ができる。これが近代科学・技術の立場だ。

では自然物はどうか。人工物と同じ発想で超越的で擬人的な神が目的を与えて造り出したのか。そうではなく自然は自ずから然るもの（natura < nasci 生まれる）であるはずだ。自然は目的を立てず、すべ

ての目的因は人間の想像物だというスピノザの徹底した観点に立てば、質料因も含めて全自然の起成因であり始源となるものこそ神だということになろう。「神即自然」はそのことを指す。

人工物ならば起成因は技術として制作物の外から関わるが、自然物ならば起成因は自然物自体の内に在る。つまり形相因が運動の始源、起成因として自然自体に具わっている訳だ。技術は育む役割に変わる。ラテン語で natura と訳されるギリシャ語のピュシス（自然）という言葉には、アリストテレスにとって「生長する事物の生成（genesis）」という有機的な意味合いが含まれていた。また『霊魂論』では「自らのうちに運動と静止の始源を有する類の自然的物体」が生命体だという定義が出てくるから、ここで使われる「運動と静止」という言葉は生長の働きを指すと考えねばならない。

有機体として「生命を有する自然的物体」は、その形相ないし本質が生命であり、その質料が自然的物体だと言う。両者が結合した一個の全体が生命体なのだ。アリストテレスの「魂」はその生命体の機能を発揮させる目的である。例えば眼は「見る」という機能を発揮してこそ、石でできた眼ではなく生命体としてその機能を働かせる魂が宿っていると考える。だからアリストテレスにとって先の「運動と静止の始源」に当たる起成因は、形相因として個物に内在する目的だったことになる。目的を起成因としたのである。彼はこのように目的が自らの内に内在する状態を指してエンテレケイア（円現）と称した。その代表が生命体であり、魂はその円現の最初の働きである。

無機物と有機物の線引きはできない　これは後年カントも『判断力批判』で認めるところであるが、このように形相が統合的な目的として質料を有機的に統一するという考え方は、自然全体を有機的な全体として捉えることになる。自然の中のどこかに無機物と有機物を線引きする境界がある訳ではない。アリストテレスは自然全体を質料とする形相、つまり自然に内在し自然を自然として保有する目的は、神的ヌースが与えることになる。要するに「形相の形相」となるものが究極の原因、目的として働き、自然の質料一般を積層的に多様化し、具体的に形成していることになる。アリストテレスの神は、このようにして彼の形而上学的原理を支える哲学的な神であった。

また冒頭に説明したアリストテレスの『倫理学』の構成も、こうした彼の形而上学、自然学の原理に支えられている。目的因を除けばその倫理学は成立しない。ところがスピノザは目的論的教説を批判し、アリストテレスとはまったく逆の視点からする形而上学を、その『エチカ』の冒頭で提示しなければならなかった。それが第一部「神について」である。第二部は「精神の本性および起源について」と題され、言うならばアリストテレスの『霊魂論』に相当する訳だ。

デカルトやホッブズの考え方との違い　自然を目的因からではなく対極の起成因から捉える見方は、なにもスピノザに限られる訳ではない。スピノザの先人デカルトは、機械論的な自然観を導入し、物体相互の運動を介して因果的な自然の生成を語った。その運動は目的因を排除してもっぱら起成因の概念で説明されている。しかしそれはあくまでも場所的移動として把握された運動であり、物体に外部から働く運動、力の働きであり、内的に働く有機的な運動ではない。『霊魂論』に見られたような内的形相としての魂の働きは拒否された。生命活動自体が機械論的な運動であり、精巧な時計の運動と同じ仕組みで説明される。また神はあくまで超越的であり、その被造物に対してその存在を瞬間、瞬間に支え続ける連続的創造の神が起成因として働いて被造物を維持するが、けっして内在的にではなかった。

起成因から自然を見るという点でスピノザに強いインパクトを与えたのは同じ先人としてのホッブズである。『物体論』(一六五五)においてホッブズは「結果の認識は、認識された発生因から得られうる」として、ものの定義は「その原因自体ないし発生の様式を定義の中に含んでいなければならない」と言う。例えば、円の定義は「平面上の一定の直線の回転から生まれる図形である」と定義するのが円の発生因、つまりは起成因を含んだ定義であると考える。ふつう円は「平面上の或る一定点から同一の距離にある点の連続」と定義されるだろう。それが円の特質を表わしているからである。しかしそれでは、どうしてそのような特質をもつ円が生まれるのかは示すことができない。発生因(generatio)の語源は、ギリシャ語のゲネシスつまり発生、産出を指す言葉で、旧約聖書冒頭の『創世記』のギリシャ語訳の名称でもある。ホッブズは一六六〇年にこのような発生因という観点から『現代数学の検討と改善』という幾何学再編の試みを公にした。スピノザの『知性改善論』がこのテーマを承けたも

のだとされるのは、そこで発生論的定義というホッブズの考え方を踏襲しているからである。スピノザは言う、

「定義が完全と称されるためには、事物の内的本質を説明するものでなければならず、それに替えてなんらかの諸特質を用いることのないようわれわれは注意しなければなるまい」（『知性改善論』第九五節）。「円は、この法則に従えば、一端が固定され、他端が動く任意の線によって描かれる図形であると定義されるべきである。この定義は明瞭に最近原因（直接の原因）を捉えている」（同九六節）。

この考え方は、先に引いたホッブズの考え方とまったく一致している。たしかに被造物についての判で押したように異なるところはない。ところがホッブズは「神の本質と諸属性に関する教説」は神学的課題であるとして、哲学の課題から排除した。ホッブズは神の創造の技術を人工的に模倣するという仕方で自然の起成因の究明を行い、起成因を直接神に求めるのを避けたのである。

それに対してスピノザは起成因となる神の定義を求め、そこから出発しようとする。『知性改善論』は、自然の始源となる神の、いわば発生論的定義の可能性の条件をホッブズから吸収し終えて、中断した認識の方法論である。その条件は第九七節で示され、一、自己原因であること、二、その本質が存在を含むこと、三、唯一絶対の実体であること、四、あらゆる属性を導くことができること、とまとめられるだろう。そしてこれらの条件を充たし、完成したかたちで登場するのが『エチカ』冒頭の諸定義であり、その中心は定義六の「絶対に無限な実有」という神の定義である。これが一切の起成

因になると明言された（晩年の書簡六〇）。神はいかにして起成因となりうるのか。スピノザの存在論の核心はここにある。

「絶対に無限な」ということは無限性の究極段階を指している。要するに真に無限なるものが神であり、この神だけが超越的でなく内在的な起成因となる、とスピノザは確信した。それは自然に内在し自然を形成し、それゆえに「自然の一部分」にすぎないわれわれにも内在し、われわれを形成し、その無限者からいかに離れようともがいても離れることができず、われわれを活かし支えている神だということになる。

『エチカ』はなぜ幾何学形式を具えたのか

ところでこの神から出発する『エチカ』の叙述方法は、定義群から始まり公理ないし要請を置き、順々に定理を立てて証明していく幾何学形式をとった。こうした叙述の仕方には先例がある。それは、デカルトが『省察』の第二答弁の付録として付け加えた若干の命題群であり、またスピノザの名を冠して公刊された唯一の書となり彼を一躍有名にした幾何学形式の『デカルトの哲学原理』（一六六三）である。二三この方法で同時代に著されたものが他にもあるが、倫理学の課題についてまで徹底的にこの手法を貫いた著書は『エチカ』の他にはない。なぜ彼は幾何学形式を採用したのか。

デカルトはこの方法についてはあまり乗り気ではなかった。彼が「総合」と名付ける幾何学的演繹法は「どんなに頑迷な読者であっても同意をもぎ取らんがため」であって、「分析」のように「ものが見つけ出された仕方を教えることがない」と言って発見的手法にこだわったからである。それでもデカルトは質問者の求めに応じて『省察』第二答弁の付録に試案を示した。スピノザはこの試みを継承し『デカルトの哲学原理』を書いた訳だ。スピノザの狙いである人間論、倫理学へと進むには、自らの常識はずれの神観について誤解や曲解による反撃を覚悟しなければならない。それゆえ彼自身の存在論を幾何学的に論証的な表現で表明する他はなかった。むろんそれは事柄を起成因から説明する手法にも合致した。発見的でないから難解にはなるが、これが幾何学形式で展開する『エチカ』の叙述へと彼を向かわせることになる。

いよいよ『エチカ』の解題をその冒頭の諸定義から始めるが、それを読み解くカギとなる概念はもちろん無限なるものである。

第一章　在ることの始源は神という自然——『エチカ』第一部

バロックの哲学　無限という概念がないと『エチカ』は読み取れないと言ってもよい。スピノザの哲学は「バロックの哲学」とよばれる。バロックとは一七世紀から一八世紀半ば頃までの西欧芸術の様式を指す言葉である。その語源には諸説あるが、ポルトガル語の barocco（いびつで不揃いな）という真珠の表現から来たという説は興味深い。こんにち底本となっているスピノザ全集を一九二五年に編纂刊行したゲープハルトがスピノザ没後二五〇年を記念する講演で、バロックの時代精神がスピノザの思想に反映していると話したことから流布したらしい。

ゲープハルトによると、バロックの特徴は無限を志向するところにある。ルネッサンスの生活感情とバロックのそれは対照的であり、前者が完全性を表現することに意を注いだとすれば、後者が意を注いだのは無限性である。無限性はバロックのダイナミズムを形成し、バロックの作品はそれが建築、彫刻、絵画、音楽いずれであっても、要するに整った形式に対しては型破り、静に対して動、光に対して影、有限に対して無限を対照化させ強調する。それがバロックの精神という訳だ。

ちなみにバロック絵画を代表するレンブラントの絵に「若きユダヤ人の肖像」というのがあり、そのモデルはスピノザだという説もある。スピノザより二六歳年長で近在であった。アムステルダムの今も訪れる客で賑わうレンブラントの家の裏手はゲットーの跡地。その南の運河沿いの短い道がスピノザ通りと命名されている。ともあれスピノザも、すべての形態について「限定は否定である」という彼の言葉通り（書簡五〇）バロックの時代の申し子だと言う訳だ。

バロックの無限性は、ジョルダーノ・ブルーノのように限界なく広がっていく外延的な無限性ではなく、限りなく密度を濃くする内包的な無限性と言ってもかまわない。ちなみにカバラに拠れば無に収斂する一点と見られた。いずれにしても無限と有限の関わり方が問われよう。

無限概念のパラドックス　有限に対する無限の対照化という点では、新たな数学や科学の展開においても当然ながら問題になった。スピノザがまだ幼い頃に出版されたガリレオの『新科学対話』（一六三八）は、静力学から動力学への物理学の発展を促した重要な書物であるが、そこでも有限と無限の概念上の対照性がすでに話題になっている。少し触れておきたい。

例えば無限量の性質を論じる箇所で、「長い線分の中に含まれた点の無限さは、短い線分の中に含まれた点の無限さよりもその程度が大きい」という当時の一般的な考え方に対して、ガリレオの代弁者となるサルヴィヤチはこう反論する。

「それは……有限な限定されたものについて知っているいろいろな性質を無限に押しつけることから起きる困難の一つです。ほんとうはそんなことをしてはいけないと思います。何となれば、大きいとか、小さいとか、或は相等しいとかいう言葉は無限なるものには通用しないからです」（岩波文庫上巻五八頁）。

また、「貴方のお考えでは連続体の部分は有限個なのですか、それとも無限個なのですか」という問いに対しては、次のように答える。

「私はその数は無限でもあり、有限でもあると答えます。可能性においては無限であり、現実的には有限なのです。即ち分割前には可能性として無限であり、分割後には現実的に有限なのです。云々」（同六二頁）。

前者はスピノザの『エチカ』第一部定理一五の備考の議論と重なり、後者は書簡一二の「或るものはそれが依存する原因の力によって無限であるが、しかし抽象的に概念するならば、部分に分割されかつ有限であるとみなされうる」という、有限と無限の二重性に関する表現を想起させる。二人の関心には重要な違いがあるが、ガリレオにもスピノザにも、全体と同じ無限性が部分にも宿るという無限概念のパラドックスについては十分意識されていた。それどころかスピノザは、まさに無限なるものこそ真実在である、という形而上学の樹立に向かったのである。無限が有限よりも積極的に捉えられているのだ。抽象的という言葉は、こんにちとは逆に、本質を省いてその形骸だけを残すという意味で使われているのである。だから「抽象的に概念する」ということは、無限なものとの関係、即ち無限の内在を捨象すれば「有限とみなされる」ことになると言っているのである。スピノザの定理一五の備考は、まさにこの有限と無限の対照性を明らかにする解説である。

デカルトは、物体は有限でつねに分割可能であると考えた。例えば「物体的本性においては、場所的延長と同時に可分性が含まれており、可分的であることは不完全であるから、神が物体でないことは確実である」(『哲学原理』第一部命題二三)。創造主である神と被造物である自然物はその点で峻別されねばならないと見た。しかしデカルトは無限と有限の関係を類比の関係で橋渡しできると考える。クザーヌスが言うように、極めて大きい円の円周が直線に近づき、円に外接ないし内接する多角形のその「多」を大きくすれば、円に近づく。デカルトもそれと同じように無限は有限に先行し、無限と有限の関係を類比の関係として説明しようとした(『省察』第四答弁)。

ところがスピノザは、有限性と無限性は根本的に異なるから、絶対に橋渡しできないと見た。スピノザの主張は「無限なるもの」、数には表わせない「無限量」が存在するという積極的な肯定であり、同時にその主張は、延長するものに無限性を肯定することになる。延長実体は本来無限であるはずだ、物体はその有限化した在り方だ、と。スピノザからすれば無限な物体的実体が存在するということになる。

ともあれ定理一五の備考では、こうした無限な物体的実体の存在に対する世間の反論を自ら例として挙げながら、無限な物体的実体を二つに分割すればそれぞれが無限となり、二倍の無限になるから矛盾するとか、インチで計った無限量がフィートで計った無限量の一二倍になるから矛盾する、また最初は有限の拡がりであったものがついには無限になるから矛盾するといった世間の論拠は、いずれもガリレオの言葉を借りれば、有限の性質を無限に押しつけて起きる矛盾にすぎないことになろう。では無限量を積極的に考える、とはどういうことか。この点では同じ定理一五の備考の中で述べる次のスピノザの言葉がカギになるであろう。

「いまもし誰かが、なぜわれわれは生まれつき量を分割する傾向を有するのかと尋ねるなら、私はその人にこう答える。われわれは量を二様の仕方で考える。一つは抽象的にあるいは皮相的に、であり、もう一つは量を実体として考える場合であり、これは単に知性のみによって表象の助けを借りずに行われる。……そしてこれを実体である限りにおいて考えるなら、これはきわめて困難なことだが、それは、われわれがすでに十分示したように、無限で唯一で不可分なものとして現れるだろう」。

無限なるものの存在を積極的に考えることがなぜ困難であるのかと言えば、われわれが感覚の対象として知覚する確かさに頼り、知的な本質の洞察よりもそれを優先させるからに他ならない。無限量は知性で捉える他はないのである。これと同じ趣旨のことは書簡一二でも述べられている。

三つの無限性

この書簡一二というのは、無限性についてのスピノザの主張が総括的に述べられていて、ライプニッツが筆写したものが原本資料の一つとして残された。彼はそれに注を付けた中でスピノザの無限量の扱い方を当時の先端の数学者カルダノに比肩するとして称賛している。一八世紀のスピノザ復興の時代にはヤコービが注目し、またヘーゲルは真無限の理解の仕方について参照した。この書簡の中でスピノザがどのように無限概念を仕分け総括したのかを、ここで参考にしておきたい。

その書簡でスピノザは無限性を三つに分けている。まず、

「或るものは、その本性上無限であり、いかにしても有限とは考えられない」。これを仮に無限性の第一規定とすると、第二規定に当たるものが先に引用した文章である。

「それに対して、或るものは、それが依存する原因の力によって無限であるが、しかし抽象的に概念するならば、部分に分割され、かつ有限であると見なされうる」。有限なものに内在化した無限性の在り方を指している。そして第三規定は、

「最後に、或るものは、いかなる数にも等値することができないために無限、というより無際限とよばれるが、これにはしかし、より大きいもの、より小さいものが考えられうる」。

つまり無際限と言い換えられるような無限性である。そして次のように付言する。「……数に等値できないものが、必然的に等しくなければならないという結論にはならない」、と。

つまり無限なるものを消極的に扱えば、それは無差別に一様に見える。だから積極的に扱い三つの

規定に分けたが、数（有理数）に等値できないものも、これまた無差別に扱ってはならないと言うのだ。

ともあれ、ここで仕分けられた無限性の第一規定は、「無限で唯一で不可分なものとして現れる」無限性を指し、そして第三規定は、数で表現しようとすれば無際限となり、より大きいもの、より小さいものが考えられる無限性であるから、一つには、例えば円周率や$\sqrt{2}$、$\sqrt{3}$といった無理数が挙げられる。円周率で言えば、すでにアルキメデスは円に外接、内接する正九六角形の辺の長さから、πの近似値を求めたと言われている。つまり簡単に言えば、$3.14 < \pi < 3.15$の間で限りなくπに近い有理数が得られる。

もう一つ『エチカ』で随所に現れる表現がある。例えば第一部定理二八は、因果の関係が「かくして無限に進む」という表現で終わっている。これもまた「いかなる数にも等値できない」無際限に至るケースである。果てしない無限として反映するのが第三規定に他ならない。

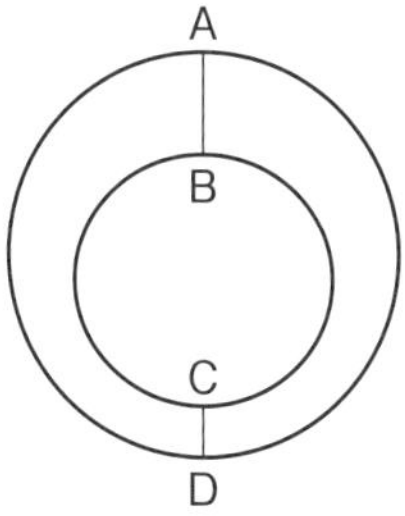

図1

問題は、第二規定の無限性である。これは或る意味で第一規定と第三規定の間に入り両側面の特徴をもっている。だからこの領域では量は「二様の仕方」で現れることになる。スピノザはこれを説明するために、書簡一二では一つの図形を提示して説明している（図1）。

要約して解説したい。図は異心円であるから、相互の円周の間にできる間隔線はどちらの中心から引いても長い線分（AB）と短い線分（C

D）の間にできる間隔線の長さの範囲でいずれも異なり、その数は「すべての数を超越する」つまり無数にできる。また円の定義から円の一部となるどの弧をとってもその間隔の数は「すべての数を超越する」と言う。円の本性が、不等な間隔の数を無限にするのである。部分に宿る無限なるもの、これが第二規定で示そうとした無限性である。無限なるものが宿る円の一部の弧は、それ自体は有限である。弧は円の一部だからである。しかしそこには円に在るのと同じ無限なるものが考えられるとスピノザは見た。無限概念のパラドックスに拠るからだ。

同じことは自然についても言えないか。自然を自然にする起成因、それをスピノザは能産的自然と言い、その起成因が内在する自然を所産的自然と呼んだ（定理二九備考）。人間もその所産的自然の一部分にすぎない。しかし、そこには無限なるものが宿っていることになる。先に定理一五の備考で引用した「われわれは量を二様の仕方で考える」という観点の二重性は、この根拠の違いからであった。無限概念の逆説が教える無限性についてのこの数学的確信がなければ、スピノザはこうした形而上学的テーゼを導くことはできなかったであろう。

こうしてスピノザは、知性の観点と表象の観点が、互いに排除し合うのではなく、重なり合う領域を現象界として提示し、その現象上の関係の背後に本質的関係を見ることになる。これはのちの課題にするが、認識論を扱う第二部の定理三五の備考でこんな例を挙げている。われわれは太陽を近くにあるような大きさで表象する。そんなに近くにはないはずの太陽が近くに見えるその誤謬は、そのように表象することにはない。表象作用にその誤りの原因はない。真の距離を知っても同じように見えるからだ。その誤謬は、われわれが太陽の真の距離を知らないからではなく、われわれが表象の原因を知らないからである、と。

数や尺度、時間は表象の補助手段であり実在しない　そもそも数はスピノザにとって理性が有するだけの「理性の有」であり、理性（知性の働きの一つ）も共通認識能力に替わる。つまりはわれわれが便宜上設ける概念にすぎない。「時間は持続を、尺度は量を、それらをできる限り容易に表象できるように、限定するために作られる」。そして言う、「次いでわれわれが実体の諸変状を、実体から分離するとともに、それらをできる限り容易に表象できるように分類することから……数が生じる」、と（書簡一二）。

ここで実体の諸変状と言われているのは、定理一五の備考の表現を使えば、スピノザの言う「様態」を指しており、ここでは多様で可分的なそれぞれの物体の在り方を指す。その様態を数えるための「数」なのだ。例えば水を例に挙げて「水は水である限りにおいて分割される」。その水は「しかし実体としては産み出されも滅ぼされもしない」。先の二様の仕方で水を見るならば、一つは知性的に、もう一つは表象の対象となる有限な様態の側面から水は見えることになる。水を水にする起成因であり形成因となるものは、現象としての一杯のバケツの水が土壌の植物に吸収されて変化したとしても無くなりはしない。しかしそれはしかじかの量をもつバケツの水であり、それを数量化できる。
まとめて言えば、知性的にのみ捉えることができる無限性が第一の規定であり、表象的には有限でありながら、知性的にその原因から見ると無限となる無限性が第二規定であり、実体から分離され、数で表現しようとしても無際限としてしか現れない表象上の無限性が第三規定ということになる。だから第二規定は第一規定と第三規定を両義的に含んでいる訳だ。

時と永遠　同じことは、時間についても言える。時間も持続を計る数量化であり、やはり「理性の有」にすぎない。有限の論理で無限を論じることができないということは、時間や持続の観点から永遠性を見ても永遠性は没時間性としてしか映らない。永遠性を没時間性と混同する考え方は、有限の物差しで無限を計るのと同じだということになる。書簡一二では、「われわれが持続を、それが永遠な諸物から流出する、その様式から切り離す場合に、時間が生まれる」と言われる。
だからこの場合、第一規定に相当するのは永遠性であり、第二規定に当たるのが持続であり、第三規定が時間となる。そうすると持続と呼ばれる時の経過には、瞬間瞬間を連続的に支える永遠性が内在しているとともに、またその経過は時間で計ることもできるという両義性が具わるだろう。デカルトの神の連続的創造は、永遠性の持続への内在ということになる。こうしてスピノザはキリスト教の無からの創造説を止揚することにもなった。

『エチカ』第一部の八つある定義群の最後の定義八は、「永遠性とは、存在が永遠なるものの定義のみから必然的に出てくると考えられる限り、存在そのもののこと、と私は知解する」とある。その「説明」に、永遠性は「持続や時間によっては説明されえない」と言う。表象的観点からは永遠性は見えないからである。

「私は知解する（知性的に理解する）」という表現は、もちろん彼自身の理解の仕方を特徴づけている訳で、永遠存在が持続存在とは異なり、永遠なるものは無限なるものの定義とセットになっている。スピノザにとっては永遠性もまた無限性と同じように積極的な概念でなければならなかった。だから無限性を積極的に受け止めるということは無限なるものの絶対的な肯定であり、その存在を絶対的に肯定することが永遠性を指す訳だ。

本質が存在を含む無限者と、本質と存在の原因が別の有限者　第一部定理七で「実体の本性には存在することが属する」と言い、続く定理八で「実体たるものはすべて必然的に無限である」と言ったその備考一で、次のように述べる。

「有限であるということはじつはある本性の存在の部分的否定であり、無限であるということはその絶対的肯定であるから、この点から見れば定理七だけから、実体たるものはすべて無限でなければならないということが帰結する」。

無限と有限の対比は、こうして存在の絶対的肯定と部分的否定の対比ということになる。部分的否定は、翻せば部分的肯定である。だから無限なるものが自己展開して、有限な部分に内在していると言ってもかまわない。スピノザの有限に関する定義二がそのことを物語っている。

「同じ本性を有する他のものによって限界づけられうるものは、その類において有限である、と言われる」。しかしその説明で、想念と物体のように異なる類に属すれば、相互に限定し合うことはないとも述べられる。類が異なれば相互の限定はないのである。

だから相互に限定し合うということは、同じ一つの類に可分性と多様性を許容し個別化させることになり、それが「有限化」を指す訳だ。しかし想念や物体のもつ本性が無限なるものであれば、一つの円弧に無限が宿るように、有限化した想念や物体それぞれに、その本性に当たる無限性が含まれていても問題はない。部分的に肯定されているからである。

定理八の備考二では有限なるものについて、さらに本質の原因と存在の原因が別だという考え方が提起される。そうすると個々の様態で本質の原因が同じだとしても存在の原因が異なるということが、無限なるものの内在とともに有限なるものの著しい特徴となる。

スピノザは例を挙げて、仮に自然の中にきっちり二〇人の人間しかいないとした場合、その二〇人の存在の原因は、人間を規定する本質とは別に在る、と。その原因は「人間の真の定義が二〇人という数を含まないから、人間本性そのもののうちにその数は含まれていることはできない。したがって……なぜこれら二〇人の人間が存在するのか、したがってまたなぜ彼らの一人ひとりが存在するのかという原因は、必然的に各個人の外部に存しなければならぬ」。だからこの有限化に伴う多様なものの存在の原因は、産出された所産的自然の因果的な連関から解き明かす他はない。しかもそれが個別一人ひとりの存在について語られている。そうでなければ二〇人という表現にはならぬ。だからこそ有限化は、同じ本性をもつものが個別化され、多様化されることを指している訳だ。

ところで、存在の原因がそのものの「本性ないし定義自身のうちに」含まれていれば話は別である。存在の原因が本質の原因と別なものとの区別は、定義群に続く公理群の冒頭の公理一から来ている。「すべて在るものはそれ自身において在るか、それとも他のものにおいて在るかである」（公理一）。

公理がもつ意味　公理、公準というのは、幾何学でもそうだが、スピノザが定義で言うように「私は……と知解する」とか「……と私は言う」という仕方で自らの観点をわざわざ示さなくても共通認識として理解できる原則である。この命題は、デカルトの『省察』第四答弁にも見られるようにスコラ学の伝統に従った「自らによって在ること」と「他によって在ること」の区別を継承しており、当時の共通認識に相当する。デカルトにとっては「他によって在る」のは、被造物つまり有限なものであり、「自らによって在る」のは神である。ところで公理一は、「他によって概念されることができないものは、自らによって概念されねばならない」と言う。

公理一が存在の原因に関して、また公理二は本質の原因に関して言われている訳だ。「概念する」と訳した concipere という動詞は、英語の conception の語源でもあり「着想」とか「概念」に加えて「懐妊」の意味にもなる。だからこのことを念頭に置けば「概念される」という表現は、考えることで生まれる想念上の形成だけでなく、延長的物体の形成という意味にも使えるまことに意味深長な言葉遣いだと言える。そうすると公理二は、「他によって産出されることができないものは、自らによって産出されねばならない」という意味にも読み取れる訳だ。「絶対に無限な実有」というスピノザの神の定義の本性が、無限なかたちで所産的自然の産出の起成因となることを示唆できるからである。この概念形成ないし産出とも読み取れる原因と結果の関係は、定義一の自己原因、定義三の実体、定義五の様態といった定義に直ちに反映する。

自己原因とは

「つれづれなるままに、日暮らし、硯に向かいて」から始まる吉田兼好の『徒然草』の序段は馴染み深いが、その最終段を覚えておられるだろうか。兼好法師が八歳のときの思い出である。彼が父に「仏は如何なるものにか候うらん」と尋ねるのだが、仏は人から仏の教えで成ったと父が答えると、「教え候ひける仏をば、なにが教へ候ひける」と問い続け、最後に「その教へ始め候ひける第一の仏は、如何なる仏にか候ひける」と問われた父は、「空よりやふりけん、土よりやわきけん」と「問ひつめられて、え答へずなり侍りつ」と周りの人々に語り興じたと思い出を書いて終わるのである。これを読むと、もう一度初めの段から読み返したくなるから妙だ。

『エチカ』第一部の冒頭は、序文もなくこの究極原因となる「自己原因」の定義から始まる。一切のものの起成因となる本性を定義しなければすべては始まらず、八歳の兼好法師と同じ疑問に直面するからである。定義一は次のように言う。

「自己原因とは、その本質が存在を含むもの、あるいはその本性が存在しているとしか概念されえないもの、と私は知解する」。

「自己原因」というのは、直訳すれば「自己の原因 causa sui」ということである。公理一の「それ自身のうちに在り」、公理二の「それ自身によって概念されねばならない」ものの存在根拠が問われているのだ。そしてそれはそれ自身の存在だと定義されるのである。それはアリストテレスで言えば「形相の形相」の存在、究極目的の存在の肯定である。それはアリストテレスにとっては神であった。逆にスピノザでは一切の生成の起成因となる原因の存在である。起成因の起成因の存在である。スピノザにとってもそれは神であった。自己原因は神でなければならない。

ところが、起成因という原因の捉え方は、ものの生成の時間的経過の発端だという考え方が一般的だった。自己原因という概念も、それを起成因として考えるならば、被造物の因果関係を神に当てはめることになるから、永遠存在としての神にとっては誤謬推理だということになる。神学者アルノーはこうした趣旨でデカルトを批判したが、それに対してデカルトは、自己原因という言葉を起成因としては知解してはいない、「神が自己自身の起成因であることを、私は否定した」が、「或る意味では同一の関係に立つと思惟することがわれわれに許される」とする。あくまで類比的に言うまでであって、起成因とは異なることは間違いないと応じた（『省察』第四答弁）。

しかしアルノーもデカルトも、起成因が時間上の原因を示すという点では変わらない。アルノーはそれゆえに被造物に関する論拠を神に帰してはならないと言い、デカルトはデカルトで、だから類比で語ったのだと弁明する。ところがスピノザは無限であり永遠であるものの定義から始めるのだから、この概念は、時間上の原因ではなくて、存在論的な根拠だということになる。そうするとその因果関係は論理的な前提と帰結の関係に等値できる。神の存在が一切の被造物に先立つと言うとき、果たしてそれは時間上の関係になるだろうか。

同じことは本質と現象の関係にも言える。本質が現象に先立つのが当然であり、存在として現象が本質に先立つと、だれが言えようか。ましてスピノザでは時間は持続の長短を計る「理性の有」にすぎない。もし時間上の変化の原因として起成因を考えてものの本質の究極の起成因を求めても、それは幼い兼行法師の問いのように無限遠に至らざるをえない。定理二八はそれが無限遡及に陥ることを如実に物語っている。永遠なる起成因の起成因が初めに在る。それが自己原因なのだ。

要するにスピノザでは、起成因は永遠の相の下での存在論上の根拠を指し、論理的な前提と帰結の関係に平行する概念なのである。だからこの起成因は必然的な結果を導く原因ともなる。第一部の公理の三と四を見てみよう。そうすると先に述べた事柄が明らかであろう。

「与えられた一定の原因から必然的にある結果が生ずる。これに反してなんら一定の原因が与えられなければ結果が生ずることは不可能である」（公理三）。

「結果の認識は原因の認識に依存しかつこれを含む」（公理四）。

先に挙げた異心円の例を思い出して欲しい。ここではより簡単にして一つの円にしよう。それは一定の幅のコンパスの回転で描いた円だとする。円の定義はこの運動を表現する観念である。この円周を分割してできる弧と円の中心を結ぶ扇形は任意にできるが、それらの扇形はその円を起成因として必然的に含んでいる。例えばその扇形の面積を知ろうとすれば、その円の認識がなければ求められない。仮にこの円が多角形であれば、分割する前の多角形を知らなくても、その一部である三角形の面積は容易に知ることができる。

スピノザが公理三と四で言うのは、このように有限化した扇形に、起成因となる円が必然的に含まれ内在しており、またその円の認識を含まなければ扇形の認識は成り立たない、と言うのと同じだ。この円を仮に「無限」と理解すれば、有限化した個々のものは始源となる無限を必然的に含まざるをえないであろう。「無限なるもの」が起成因となるからである。認識もまたその「無限なるものの認識」から始まる。コンパスを動かすのは時間上の変化ではないかと問う人があれば、その変化が円の本性とどう関わるのかと問い質したい。

実体と様態の関係　じつは実体と様態の関係も、こうした存在論的かつ認識論的な因果関係として成り立っているのである。先の自己原因の定義を受け継いだ実体と、それに依存する様態がそれぞれ次のように定義される。

「実体とは、それ自身において在りかつそれ自身によって概念されるもの、言い換えればその概念が形成されるべき他のものを必要としないもの、と私は知解する」（定義三）。

「様態とは、実体の変状、すなわち他のものにおいて在りかつ他のものによって概念されるもの、と私は知解する」（定義五）。

ところで実体と様態との関係は、公理一と二のセットで示される考え方に従って、在るものは何であれ、様態でなければ実体、実体でなければ様態というように二つの在り方のいずれかとなる。様態が「他のものにおいて在りかつ他のものによって概念されるもの」となるその他のものとは実体だ。だが、この二つの公理だけからすれば、必ずしもそう理解されるとは限らない。その他のものが他の様態であっても矛盾しないからである。だからスピノザは予め「実体の変状」とクギを刺した。しかもこの表現は実体と様態を結ぶクサビともなっている。実体の「変状 affectio」とはどういう意味か。この語源から来る英語の動詞 affect には「或るフリをする」、例えば貴族ぶるという意味があることから、或るイギリスの解釈者はこれを実体の模倣と理解した。たしかに面白い解釈ではあるが、これでは実体に対する様態の関係がいかにも類比的で、先に述べたように、無限なるものが様態へと内在する関係を積極的に示すことができない。

また実体やその本質を構成する属性が様態に変状したという意味で「様態的変状 modificatio」つまり様態化という言葉も使われる。

「存在しないと概念されうるものの本質は存在を含まない」（公理七）。

要するに様態は先に有限化で述べたように「存在しないものとして概念することができるもの」である。そしてそうした様態の本質の定義は実体の定義とは対照的になる。

公理五は次のように言われる。「互いに共通点を持たないものはまた互いに他から知解されることができない。すなわち一方の概念は他方の概念を含まない」（公理五）。

かつてヘラクレイトスは「反対するものは一致する」と言ったが、相互に無関係であれば争い合うこともない。この公理が謂わんとすることに反論はないはずだと思われよう。しかしもしそうであれば物体と想念のように「互いに限定されないもの」も、異なる類に属するから、相互に因果関係は成立しないはずだ。そうすると、例えば或る円の図形について「その図形の原因は円の定義だ」とは言えないことになる。円の図形の原因はコンパスの運動であり、そのコンパスの運動を知解したものが円の定義つまり円の観念であり、その運動から必然的に結果として生ずる図形について、「或る点から同一の距離に在る点の連続」という円の特質を知解するのだ、ということになる。原因となるコンパスの運動とその結果生まれる円の特質を具えた図形という因果関係と、そのコンパスの運動に伴う観念とその結果生ずる図形の観念とは平行している、と考えるべきなのだ。

こうした理解とパラレルに公理六がある。「真の観念 idea vera はその対象〔観念されたもの ideatum〕と一致しなければならぬ」。

実在論からすると、ものの観念、つまりものが「想念的に在る」ことと、その観念の対象となるものが一致するならば、ものは「形相的に在る」と言われる。しかしここでスピノザが言っているのは「観念」と「観念されたもの」の関係である。スピノザがもし観念論の立場で語ったとすれば、「観念」と「観念されたもの」の関係はたんに観念の反省的関係に終始するだけだ。実在論の立場に立つからこそ「一致しなければならない」という要請が必要なのだ。実在論として真理が成り立つには、異質なものの同一性が保証されなければならない。だからこそこの同一性は存在論的に要請されねばならない。そうでなければ存在と認識の一致を意味する真の観念について語ることはできないからである。

真の観念、十全な観念とは　もう少し認識論的な課題に踏み込んで、スピノザが「真の観念」をどのように考えていたのかを吟味してみたい。そこで少し先走るが第二部の定義四をここで見てみよう。

「十全な観念〔妥当な観念 idea adaequata〕とは、対象（objectum）との関係を離れてそれ自体で考察される限り、真の観念のすべての特質、あるいは本来的徴表を有する観念のことである、と私は知解する」（第二部定義四）。

そしてこの定義には次のような説明が付けられる。「私は本来的徴表と言う。これは外来的徴表すなわち観念と観念されたもの〔対象〕との一致を除外するためである」、と。

なんと第一部で立てた先の公理六は、第二義的な真理の規定だと言うのである。共通見解としての公理からすれば、真理は観念と観念の対象との一致であろうが、本来はそうではないとスピノザは言う訳だ。真理の本来的な、つまり真理を真理にする特徴、徴表は「対象との関係を離れて」「それ自体で考察される」場合に得られるとされる。もちろんその場合は対象と一致する観念でもあり得るはずだ。しかしそれは第二義的に、である。ここで言われる妥当ないし十全、非妥当ないし非十全という言葉は、第二部以降、精神の能動、受動の概念とともにきわめて多用される概念区分であるが、語源的には「等値されたものに ad aequatum」導くことを指す。つまり起成因となる原因がそのまま必然的な結果を導く場合のことを指す訳だ。先の例で言えば、円の定義が必然的に円の特質を導き、コンパスの運動が円の図形をこれまた必然的に生むならば、相互に因果関係はないが、それぞれが十全な原因としてそれぞれの結果を導くことができる訳だ。だから真理の本来的徴表を導く存在論が、認識論上の外来的徴表を保証していることになる。

実体とその属性、実体の実体性とは何か　ここで唯一、無限、不可分の実体、つまりは無限な唯一の神に伴う無限数の属性の問題が出てくる。

「属性とは、知性が実体についてその本質を構成していると知覚するもの、と私は知解する」（定義四）。

スピノザもデカルト同様、属性を実体の本質構成的要素として認める。つまり鉛筆に芯がなければ鉛筆ではないように、本質的な属性を欠けば実体は成り立たない。属性を認識する能力は知性であるが、実体の本質を構成するのは知性ではない。あくまでも「知性が実体についてその本質を構成していると知覚する」実在論的な属性である。スピノザの場合、実体には「属性を自らの本性として構成する」力能が存在性として具わっている。つまり実体には属性を構成する本性がある。否、実体つまり存在性とは、そもそもそうした構成的力能のことだ、と考えられないか。その証拠に、これはのちに示すが、スピノザは「神の本性」という言葉を、属性を指す意味とは別にしばしば使っているのだ。だからそうした本性としての力能の作用ないし働きが、属性として具体化されるとは考えられないか。知性の働きはそのことを知覚する、あるいは看取する働きである。

スピノザは定理一一で「神は必然的に存在する」という証明を三つのかたちで行っているが、その最後に「存在しえないことは無能力であり、これに反して存在しうることは能力である（それ自体で明らかなように）」という証明がある。また「神の能力（力能）は神の本質そのものである」（定理三四）

という命題も掲げられている。ものが在るということは、ただ「在る」ということではなく、さまざまな働きとそれらを統合する機能を発揮して在る（エネルゲイア）と考えるべきではないか。

そうすると様態が「実体の変状」と言われる場合、実体の無限性と並ぶこの統合力を、様態が「一定の在り方で表現する」ことを指しており、それを「変状」と言っているのだ、ということになる。また同じ意味で様態への神の内在を指して「限りでの神」という表現も多用される（五二頁参照）。

ここでいよいよスピノザの神の定義を取り上げたい。スピノザにとって実体とよばれるものはただ一つ神の他にはなく、しかも神には無限数の属性が具わるが、それらを統合するのは唯一の神だからである。「神のほかにはいかなる実体も存しえずまた概念されえない」（定理一四）。

神という名の絶対に無限な実有　神についての定義六は次の通りである。

「神とは、絶対に無限な実有、言い換えればおのおのが永遠・無限の本質を表現する無限に多くの属性から成っている実体である、と私は知解する」。

これにはその趣旨の説明として、自分は「自己の類において無限な」とは言わないで「絶対に無限な」と言うが、それは「たんに自己の類においてのみ無限なるものについては、われわれは無限に多くの属性を否定することができる」からだ、とされている。

この説明については、先に挙げた無限数属性の問題として、長年スピノザの解釈者の間で議論されてきた難題をもたらした。この難題を解決する道はこの章の冒頭から展開した無限性の議論から明らかなように、「無限なるもの」の絶対的肯定性がその考え方へ導いていることを念頭に置くことで得られるだろう。もう一つデカルトの支持者からも反駁をうけた難題が提起される。それは神の属性の一つに延長が帰属するという難題である。しかもこの二つの難題には、デカルトが残した心身合一に関する難題が絡み合っている。

デカルトは、一方で思惟を属性にする精神と延長を属性にする物体とを実在的に区別し、それぞれが実体であると主張しながら、他方では精神と身体が一体であり、ちょうど船頭が舟と一体になって舟を漕ぐように、心身は存在としては合一していると主張した（第六省察）。しかも解剖学的な説明として脳のいわゆる松果腺に精神の座があって神経系の変化は思考経路に反映し、意志のような精神の働きも神経系を介して筋肉に伝達できると考えた（『情念論』第一部三〇～三四節）。一方で実在的に区別される精神と身体がそれぞれ実体でありながら、他方で実体的に合一している、存在としては一つになっていると言う。この矛盾をどのように説明するのかという問題である。

これに対してスピノザは、第五部の序言でこのデカルトの考え方を紹介しながら、実在的区別を主張するならばそれを徹底し、相互に因果関係を設定せず、しかも相互に区別されたものを一元的に統一する理論でなければ、心身の合一を説明したことにならないと批判する。そうするとスピノザは、様態としての人間存在についてその心身合一を可能にする根拠として、実体属性関係を見ていたことになる。なぜなら、様態は実体の様態的変状なのだから。

だから残るのは実在的に区別される属性の実体における合一ないし統一をどう考えるかということになる。そのためには無限な延長がどのように考えられるべきかを解決することが先決問題であろう。

無限延長はなぜ神の本性に属するのか

延長属性については、すでに定理一五の備考の中で、表象の観点からすれば分割される物体にも、知性の観点からすれば無限性が具わり、物体的実体として「水は分離されれも分割されもしない」というスピノザの考え方を紹介した。そこで物体的実体、ないし延長的実体とよばれたものは、延長属性のことである。

デカルトは運動や静止を物体の様態と考えた。有限な実体としてまず在るのは可分性を伴う物体である。その物体がなければ運動や静止は考えられないからである。しかし事態は逆であり、運動の様態こそが物体ではないのか。このように発想を逆転してみる必要がある。じつはこのデカルトとスピノザの観点の違いが、デカルトを通してスピノザに接近した人々のもっとも厄介な躓きの石になった。

結果の認識は原因の認識に依存しかつこれを含む（公理四）ということであれば、先の例に戻って見ると、コンパスの運動が起成因になって平面に円を描かせる訳だ。そうすると、運動が物体の様態だと捉える見方では、先の円の起成因を説明できないであろう。真の観念という点で言えば、物体が延長したものだという外来的徴表は示せても物体を物体にする本来的徴表を示すことができないことになる。

しかしこれは人工物の例でしかない。自然物の場合はどうかと問われるかもしれない。難しいことではない。この例のように自然の中に没目的的なコンパスの運動に当たる起成因を見出せばよい。それには分析過程も必要だ。自然の中に起成因が見出せるならばその結果も自然の中に在るからだ。要するに起成因の観念を真に得ることである。それを確かめるための実験は対象との一致に依るにしても、真に起成因を知るには、結果を必然的に導く原因を把握することであり、それは今日でも実証科学の理論認識の原理としてわれわれが心得ている手続きに他ならない。

ともあれ、もしこの物体という延長したものの起成因が何かと問えば、それこそ内在的な運動だと応えるしかない。それは場所的移動に現れる運動や静止に先立って、物体に内在し具体的に物体を形成する運動の始源でなければならない。起成因となる運動こそ、物体の本性である。加えて書簡一二に言われるように、数も大きさも時間も表象の補助手段でしかないならば、場所的移動は仮象ではないとしても、第二義的でしかなくなる。こうして物体に内在する運動の始源こそ、つまりはその物体の形相的な、或いは形成的な本性となる運動の始源としての力能こそが、神の本性の一つを構成している無限で永遠な延長属性となろう。この自然の中にあまねく存在する無限の運動の原因となるものが、定理一五の備考で不可分の物体的実体ないし延長的実体と称されたものに他ならない。

この産出過程にはじつは無限様態とよばれ、属性を有限様態へと橋渡しする役割を果たす媒介項が入るが、この点についてはのちに取り上げることにする。

無限数属性の問題　じつは「最高に完全な実有」であるデカルトの神は、『方法序説』の第四部でもそうだが、『省察』第二答弁付録の要請五によると、無限、永遠、不変、全知全能、要するに「あらゆる完全性の総体」を属性とする無限実体であった。しかしそこには、可分的な延長が属性として加わることはない。可分性自体が不完全性だからである。ちなみに書簡六〇では、スピノザ自身がコンパスの回転は円の図形ができ上がる起成因だとする例を使って、このデカルトの神の定義と自らの「絶対に無限な実有」という定義を比較し「神は最高に完全な実有である」と定義する場合、その定義は起成因を表現しないと述べている。

ここでもわれわれは視点を改める必要がある。定理一〇によると「唯一の実体の各属性はそれ自身によって概念されねばならぬ」と類別の徹底を謳いながら、その証明で知性が属性を概念するのは「実体によって」であると言う。だからその備考で「なぜならその諸属性のそれぞれがそれ自身で概念されるということは、実体の本性に由来しているからである」と類別の徹底と諸類の統一がともに実体に拠るとする。「したがって一つの実体に多数の属性を帰することが矛盾するということはまったくない」（定理一〇の備考）。実体が不可分であるのは、それが統一体であるからである。神的実体としてこの実体の実在性ないし有（在ること＝実有）を類において「表現する」（定理一一）ものなのである。そして属性は「唯一性」を有し「絶対に無限」と称されるものの存在性を示すからだ（定理一四の系一）。そして類は限定できないから「無限に多くの属性」でなければならない、とされる訳だ。

しかし、われわれの知性が属性や様態について、類を異にしたリアリティーとして識別できるのは思惟と延長の二つだけである。それらは、神から見れば、われわれには識別できない他の無限数の属性の一部にすぎない。属性はそれぞれが唯一・無限・不可分なるものを一つの類として表現している。それを識別するということは「枚挙する」こととは別である。「無限数の属性」と言っても、一つひとつ枚挙して無数に至るという第三規定の表象上の無限性ではない。定理一六で次のように言われる。「神的本性の必然性から無限に多くのものが無限に多くの仕方で（つまり無限の知性によって把握されうるすべてのものが）生じなければならぬ」。

ここで神的本性と称されるのは属性のことではなく、まさに唯一不可分の無限なるものを指す。だからその証明に「神的本性は、おのおのが自己の類において無限の本質を表現する絶対無限数の属性を有するから（定義六より）」と、無限なるものの自己展開の始源として、無限数の属性を構成する構成的本性を神的本性に認めるのだ。同時にそれは、それぞれの属性の下での無限な様態的変状の実在的な多様化、個別化の始源ともなる。

この属性の識別は、定理三〇によると知性の専管事項である。しかし定理三一によると、知性は能産的自然に属するのではなく、あくまでも所産的自然に数えられる様態にすぎない。知性自体が産出機能を持つ訳ではないからである。観念論的解釈の誤りは、知性にそれを期待するからに他ならない。「現実に有限な知性も、現実に無限な知性も、神の属性、したがってまた神の変状を把握しなければならぬ。そして他の何ものをも把握しない」（定理三〇）。

この定理で言いたいのは、われわれの認識能力は無限性を把握できる知性であれ有限な知性である表象力であれ、属性を識別し、様態の何たるかを把握する能力であり、それ以外ではないということである。知性が「他の何ものをも把握しない」ということは、何か神秘的な働き、例えば神の姿を見る能力も知性に具わるのではないか、という期待を拒否することになる。

さて「無限なるもの」の自己展開は、先の定理一六に照らして言えば、能産的自然から所産的自然への産出の過程である、と言い換えてもよい。では「無限なるもの」は属性から何を直接産出するのか。これが先に無限性の第二規定として触れた「無限様態」である。

無限なるものを有限なものへ媒介する無限様態　『エチカ』はこの無限様態について、相互に関連する定理二一、二二、二三の命題で提示する。これらがとりわけ分かりにくいので有名である。定理二三で総括されるように「必然的にまた無限に存在する様態」は、すべて「神のある属性の絶対的な本性から生起する」か、それとも「必然的にまた無限に存在する一種の様態的変状に様態化したある属性から生起する」か、そのいずれかである。前者が定理二一を指し、後者が定理二二を指している。「絶対的な」という表現は、定理二三の証明に見られるように、神の無限性と存在の必然性、つまり永遠性とを具えていることを指し、この意味で、いわゆる有限様態とは異なって「必然的にまた無限に存在する様態」、つまり無限様態とされるのである。後者はある種の様態的変状を「媒介して」生起する点に特徴がある。

定理二一が「直接」ないし「第一種」無限様態と称されるものを導き、定理二二は直接無限様態を媒介して生ずる「間接」ないし「第二種」無限様態と称されるものを導く。ところがここでは思惟属性と延長属性から具体的に何が生ずるのかについては言及されていない。この点を問い質されたスピノザは、書簡六四で次のように説明する。

「第一種のものは、思惟においては絶対に無限な知性、延長においては運動と静止です。また第二種のものは、無限の仕方で変化しながらも常に同一に留まる全宇宙の姿です（これについては第二部定理一四の前にある補助定理七の備考をご覧下さい）」（書簡六四）。

この例で言われる第二種無限様態としての「全宇宙の姿」について参照せよと指摘される箇所は、あくまでも延長属性に関わる箇所であるから、思惟属性の第二種無限様態については触れられていないことになる。これをどう考えるのかについては解釈者でさまざまな議論が交わされている。これは一つの見方だが、もし直接無限様態と間接無限様態の関係に、様態化した能産的自然と所産的自然の関係を見るとすれば、この思惟属性の第二種無限様態は、「全宇宙の姿」の「観念」という、いささか同語反復な意味になる。だから空欄にしておいたのだという解釈も成り立つ。

それにしても「運動と静止」を延長属性の直接無限様態として挙げるのは、無限で永遠な延長属性から直接生起するものを表現するには、あまりにも表象的ではないか。たしかに運動と静止は個物の内にも外にも絶えず遍く、しかも無限に存在している。その上「運動と静止」を一つのセットとして説明できるのは、移動する車窓からは外の景色が動いて見えるように、場所的移動が観察者から見て相対的だからであるが、そうした表象上の観点から捉えた状態を挙げているだけだからである。しかしこれが無限性の第二規定の特徴だということを忘れてはならない。運動と静止のセットの背後にあって相対的な場所的移動や生長の本性となるもの、知性が捉えるその本性こそ、直接無限様態の物体的実体であろう。

少し先走るが『エチカ』第二部定理一三の備考のあとでいくつかの命題にまとめられたスピノザの自然学に関する要諦を開いてみよう。補助定理一で次のように言われている。

「物体は運動および静止、速さおよび遅さによって相互に区別され、実体によってはは区別されない」。また補助定理五では、複合体が一個の不可分な個体を形成している場合について、「もし個体を組成する各部分が、すべてその相互間の運動および静止の割合を以前と同じに保つように、より大きくあるいはより小さくなるならば、その個体は、なんらその形相を変えずに以前と同じにその本性を維持するであろう」と言われる。

ここで使われる「運動と静止の割合（ratio）」という言葉が、この不可分性を指す個体（individuum）として、複合体の「形相」と呼ばれる点に注目したい。運動と静止の割合を一定に保つものは、運動と静止あるいは速さ遅さといった表象上の現象ではない。ここで実体と呼ばれているものである。それはその個体に内在する力能である。だからこの「運動と静止」が無限性の第二規定に当たると考えられるのだ。

そしてこの発想は、全自然がこうした一体性を保つ一つの個体と見なすことへと導くことになる。続く補助定理七の備考がそれである。いまもし本性を異にする多くの個体から、さらに別の個体ができると考えるとする。

「……そしてもしわれわれがこのようにして無限に先に進むなら、全自然が一つの個体であってその部分すなわちすべての物体が全体としての個体になんら変化をきたすことなく無限に多くの仕方で変化することを、われわれは容易に理解するであろう」。

先に挙げた延長属性の間接ないし第二種無限様態とは、ここで言われる全自然を一つの個体だとすることであり、当然それが無限に包含関係を繰り返す無限性の第三規定に該当することは、容易に分かる。パスカルは、人間は「無と全体の間の中間者、両極を把握することから無限に隔てられている」（『パンセ』七二節）と書き残したが、スピノザも人間が無限大と無限小の間に在り、そのことを自覚して生きる道を探ったのである。

ともあれ、このような「全宇宙の姿」は人間の表象力の産物にすぎない。しかしそれにも拘らず間接無限様態は、その名の通り間接的に、表象力に基づきながら無限性を顕現していることも間違いない。無限なるものは、有限なるものから見て不条理なものとして侵入し、有限の論理構成の隙間を見せるかたちで肯定的に己を示しているのである。「全宇宙の姿」は、定義からすれば無限な延長がもっている全体性、統一性、不可分性並びに永遠性を、表象上の観点から表現したものに他ならない。

全宇宙の姿を媒介する直接無限様態としての「運動と静止」の遍在性、普遍性は、無限に多様な全宇宙の姿の一構成要素にすぎない有限な個物にも内在し、その個物自体の全体性、統一性、不可分性を形成し、また個物相互間の相克と依存の相互作用にも遍く内在する。

思惟属性から生ずる「絶対に無限な知性」もまた、その一部として有限なわれわれ自身の思惟活動として内在し、始源となる能産的自然からの産出過程を把握し、宇宙に内在する無限に多様な運動形態を把握し、また絶対に無限な知性の一部として自らの身体と合一する精神を自覚し、延長と思惟の両面で自らの個体性を認識し、その思惟活動も含めて自らが包み込まれている所産的自然の全体性と実在性、その永遠性を認識することができる訳だ。

「絶対に無限な実有」である神は、無限性のいずれの段階であろうとも、そこに「含まれ」内在する。属性は実体である神を類的統一において表現し、それぞれの様態は実体の変状として神を表現しているのである。ただし人間の思惟で捉えられるのは、延長と思惟という二つの類属性に限られる。

では、なぜ無限数属性についてスピノザは語るのか。これは次章の平行論の解説でも取り上げるが、「無限なるもの」が神であり、限定は否定であり、その神から一切は始まるからである。「無限なるもの」は存在し、人間は無限性を認識できる。この確信抜きにスピノザを知ることはできないであろう。

『エチカ』の解題をその第一部から始めてきた。まだ自由と必然をどう考えるのかという重要なテーマを扱う定義七の解題が残された。この命題についてはのちのち随所で明らかになっていくだろう。ただ、無限なるものとしての神の本性が起成因だとすれば、それは必然的で永遠の展開となる。またそれこそが神の創造であり摂理でもあるとすれば、スピノザにとって、そこに意志の介入や恣意的な自由の可能性をいくら探しても、かけらもないことは断るまでもあるまい。

第二章　自然とその認識——『エチカ』第二部

第一部はいきなり自己原因の定義で始まったが、第二部は「精神の本性と起源について」と題してほんのわずかな案内を付けている。神の本質からは無限に多くのものが無限に多くの仕方で生起するが(第一部定理一六)、「ここではただ、人間精神とその最高の幸福の認識へと、いわば手を取ってわれわれを導くことができるもの」だけにしておくと断っている。だからこの部で論じられるのは自然学一般でも認識論一般でもないが、両者の基本的な考え方を踏まえていなくてはエチカを語ることはできない。スピノザはそう考えた。

その一　自然観をめぐって

人間身体も物体である、そしてその本質とは　定義一は物体の定義である。ラテン語の物体（corpus）

という言葉は、同時に人間の身体をも指す。だから注意すべきは、身体はデカルトの場合と同じように物体の法則に従い、他の物体と区別されないということだ。だがスピノザの場合有機的個体とも見られているから厄介なのである。

「物体とは、神が拡がりをもつものと見なされる限りで、神の本質を一定の仕方で表現する様態である、と私は知解する。第一部定理二五の系を見よ」（定義一）。

延長属性の下に「一定の仕方で」と限定されて、神の本質を表現するのが物体であり身体である。この「仕方で」と訳される言葉は「様態 modus」という言葉と同じで英語の mode の語源でもある。服装のモードもそうだが、ここでも何かを表現する仕方の意味であり、表現されるのは延長属性の下に見られる神の本質である。物体は、神の本質を一定の仕方で表現することで、その内在を証する訳だ。神の本質の内在を示す言葉が今後もしばしば見られる「限りでの神」（……の限りにおける神）というスピノザ独自の表現である。それは、無限な実体が一定の限定された有限なものに、実在的に内在していることを示す表現であって、けっして実体ないし神を模倣し表現している訳ではない。その様態化した「限りでの神」は、さまざまな姿で登場する。次の定義二は重要である。

「それが与えられればあるものが必然的に措かれ、それが除去されればそのあるものが必然的に取り除かれるようなもの、或いはそれが無ければあるものが、逆にそのあるものが無ければそれが、在ることも概念されることもできないようなもの、そうしたものがそのものの本質に属する、と私は言う」。

ふつう、ものの本質には個別性は含まれないと考えられる。円の本質、三角形の本質は円一般、三角形一般の普遍的な概念だとみなされる。それならば目の前の一つの円、一つの三角形を消し去っても円や三角形の本質が無くなるとは言えない。だがスピノザはここで、目の前の円や三角形が無くなれば無くなるようなものが円や三角形の本質に属すると言うのだ。この言い方は微妙である。円や三角形の本質一般が無くなるとは言っていない。無くなるものが「本質に属する」と言う。つまりものの本質という定義には、普遍性とともに「このもの」「かのもの」という個別性が属する、だからものの本質を普遍性だけで見てもダメで個別性を伴っていると、スピノザは理解している訳だ。

だから実際に在る「このもの」「かのもの」と言える個別性については、そのものが無くなればそのものの現実的な本質は無くなる。しかしそれを産み出す個々の形相的本質は神の属性に在り、永遠である。だから後の定義五からしても、神の中に起成因として在る形相的本質が「取り除かれる」ことはありえない。これはのちに定理八で取り上げて解説することにする。

次の観念に関する定義にもスピノザ独自の考え方が見られる。

観念は絵の如く無言のものではない　「観念（idea）とは、精神が思惟するものであるからこそ形成する精神の概念（conceptus）である、と私は知解する」（定義三）。

これには次のような説明が付いている。「私は知覚と言うよりむしろ概念と言う。知覚という名辞は精神が対象から働きを受けること〔受動〕を指すように見えるが、概念は精神の能動を表現するように見えるからである」、と。

「知覚」は英語の perception、「概念」は conception の語源に当たる。前章で述べたように、「概念」は「懐妊」を指すこともできるから、起成因を把握することで自ずと生まれる結果を孕んだ概念把握が「観念」に相当する訳で、「知覚」はその点で自らの働きを積極的に示す言葉ではないとスピノザは理解した。第一部の属性についての定義四でスピノザが知性の積極的な働きを回避するために、「概念する」という言葉をわざわざ訂正して「知覚する」という言葉に置き換えたのはその顕著な例である。知性の能動をそこで認めると、属性が観念論的な意義に変わる可能性があるからだ。要するに「観念」は、精神の能動つまり精神の積極的な働きとして起成因を把握することで生まれるものである。だから、スピノザは「観念は画板の上の絵のように無言のものではない」と言う〔定理四三の備考〕。つまり観念は結果を生み出す思惟の働き、知解作用であり起成因となる概念なのである。

定義四は妥当な観念、つまり十全な観念に関する定義であるが、これについては前章で第一部の公理四「結果の認識は原因の認識に依存しかつこれを含む」という命題に関連して説明したからここでは省く。ただ、この妥当な〔十全な〕観念が「精神の能動」で形成される点には留意しておこう。

持続、完全性、個物ないし個体という概念　次の定義五は持続に関する定義で「持続とは存在の無限定な継続である」として、その説明で「起成因はものの存在を必然的に措くが、これを取り除きはしないのである」と言う。

無限性の第一規定が永遠性だとすれば、持続はその第二規定に相当することはすでに述べた。第三規定が表象的に受け止められた時間であるのに応じて、持続はその表象的側面の背後に永遠性という知性的側面を伴う二重性を帯びた概念であった。アリストテレスの『霊魂論』によると、老衰や自然死の要因は生命体の内部に在るが、スピノザはそれらがけっして内部からではなく、自己の本性の外部からもたらされると見なす点で、すでにきわめて近代的な観点に立脚していることは興味深い。

定義六は「実在性と完全性とは同一のものである、と私は知解する」と言われる。この点はデカルトにも通ずるが、スピノザでは第四部の序言で扱われるように、これらの概念の扱い方が根本的に異なってくる。次章で取り上げる。

定義七は、これから紹介するスピノザの自然観を知る上でカギになる命題である。

「個物とは有限であり、かつ限定された存在を有するものである、と私は知解する。もし多数の個体〈或いは個物〉がすべて同時に一つの結果の原因となるように一つの活動で協同するならば、私はその限りでそのすべてを一つの個物と見なす」（定義七）。

まず、有限の定義（第一部定義二）を思い起こしたい。類を同じくする本性をもつ他のものによって限定されるものが有限であった。つまり同じ属性の下で多様化し、個別化することが有限化をもたらすのである。しかし個物は有限であるとともに、限定された存在しかもつことができない。少し跳ぶが、第四部の一つしかない公理は次のように言う。

「自然の中にはそれよりももっと有力でもっと強大な他のものが存在しないようないかなる個物もない。どんなものが与えられても、その与えられたものが破壊されるもっと有力な他のものがつねに存在する」(第四部公理)。

このような命題を併せて見るならば、劣弱な個々人には社会的協力が必要だということがこの定義から導かれるとしても不思議ではなかろう。しかし同時にこの命題は、自然の個物一般についてもと語られていることを忘れてはならない。

「個物」(res singularis 個々のもの)と「個体」の概念上の違いは、個体(individuum 不可分のもの)が有機的結合を強く意識して使われている点にある。しかしこの箇所の括弧内でオランダ語訳遺稿集『エチカ』から補われた表現では、同義語と見られてもいる。いずれにせよスピノザは区別する理由立てをしていない。それがのちのち問題にもなるのだが。つまりスピノザは自然学に関して機械論者であったのか、それとも有機体説を主張したのかという問題である。

人間の本質と存在　さて、公理はここで五つ挙げられている。

「人間の本質は必然的存在を含まない。換言すればこのあるいはかの人間が存在することも存在しないことも同様に自然の秩序から起こりうる」（公理一）。

「必然的存在を含まない」ということは人間が実体ではなく様態だということであり、自然の中の一存在として有限でありまた自然の秩序に左右され、限定された存在しかもたない個物だということは、共通見解として公理となりうるだろう。ただし、ここで身体とも精神とも言われず「人間の本質」と言われるものは何か、という課題が残る。身体と精神との関係が問われねばならない。

人間は思惟する

「人間は思惟する〈、あるいは他面から言えば、われわれはわれわれが思惟することを知る〉」（公理二）。

オランダ語訳から補足された箇所は、ここでもデカルトの自己意識に還元した表現だと分かる。だからこの補足を省いてテキストにしている場合もある。これを省けば簡単に「人間は思惟する」となる。思考活動を抜きに人間を捉えることはできない。その通りである。しかし人間は思惟する実体だとは言っていない。人間が有限な様態である限り、もとを辿れば実体の一つの属性である思惟属性の活動に依存している訳だ。その存在に促されてのみ人間が思考する能力は得られている。その活動は「自然の秩序」から逸脱しては在りえないのだ。「人間は思惟する」という簡単な表現が、自らの立場について実体であるかのように思惟するか、様態として思惟するかでまったく違った様相を示すところにスピノザの認識論の要諦を見るべきであろう。

感情もまた認識作用である　「愛、欲望、その他すべて感情という名で呼ばれる思惟の様態は、同じ個体の中に、愛され、望まれるものなどの観念が在るということがなければ存在しない。しかし観念は、他の思惟の様態が何らなくても存在できる」（公理三）。

「感情」と訳される affectus は、本来「心の刺激された状態」を意味する。愛したり憎んだり、不意に何かが欲しくなったりすることは日常茶飯の心の動きであるが、これらが感情として一括され、そうした感情も人間が思惟する活動の一環として含まれる訳だ。猫や犬にだって欲望は当然あるし恐れを抱いて逃げもする。しかしここで言われているのは、善くも悪しくも思惟せざるをえない人間の心の在り方である。だから観念との違いが述べられるのだ。じじつ激しい感情がわれわれの思考をかき乱し、理性的判断を失わせることはだれもが経験している。同じ思惟様態だからである。むろん感情に妨げられずに思考が行われるならそれに越したことはない。観念は「他の思惟の様態」に妨げられず十全に「存在できる」からである。

また感情はその感情を惹起させる対象の観念が不可欠だと言う。しかしこの場合、自らが抱く対象の観念が起成因となって生ずる点で、感情は受動であるケースが多い。スピノザの半世紀前に活躍したシェークスピアの戯曲『オセロ』に登場する、無垢な最愛の妻デスデモーナの貞節を疑ったオセロの怒りと悲しみは、イヤゴーの奸計に陥って自らが抱いたデスデモーナについての間違った観念が原因であった。あとの第三部で明らかになるように、思惟活動はこれによって、自らが有する十全な観念から発動し能動する思索やそれに伴う能動感情と、対象の観念によって触発され、非十全な観念によって発動する受動感情に分けられることになる。感情も思惟の様態として、思考活動の一環であると見なすことでこの区別が生まれる訳だ。

身体の知覚がすべての認識の始まり　公理四も重要である。「われわれは、或る物体〔身体〕が多様な仕方で刺激されるのを感じる」。この「或る物体が」という表現はいかにも奇異ではないか。そこでこれまたオランダ語訳遺稿集ではもとの遺稿集を離れて「われわれの身体が」と訳し変えており、その通り訳したドイツ語版もある。しかし前章で指摘した通り、心身合一は当然ながら思惟属性と延長属性の二元論を前提にしている。それゆえに「われわれの身体」を主語とする訳にはいかなかった。あくまでも「或る物体」が主語となってそれが刺激されるのをわれわれが感じる、とする訳だ。その「或る物体」がわれわれの身体であることは両属性の合一を前提にして初めて分かることだからである。

有名な定理一一も、同じように次のように言う。「人間精神の現実的な有を構成する第一のものは、現実に存在する或る個物の観念にほかならない」。

この命題でも「或る個物」となっている。そして定理一三で「人間精神を構成する観念の対象は身体である、云々」と言い、その系で「この帰結として、人間は精神と身体から成りそして人間身体はわれわれがそれを感じる通りに存在する」と、初めて心身合一を認める訳だ。

しかも精神であれ身体であれ、いずれも一個の全体として語られている点に注意しておきたい。脳のどこかにおける合一ではないのである。精神の中身となる観念は身体を対象にし、それによって自らを知覚し外界を知覚し、はじめて合一を知覚する。だから定理一一の力点は、人間精神の最初の中身が知覚なのだ、それも現実に在るものの知覚であり、それが真っ先に統一的な精神の中身を形成しているのだという点にある。生まれたばかりの赤ちゃんが最初に感ずるのは空腹であろう。それが自分の身体の要求だとは気付かずに乳をまさぐる。母親のものとは気付かずに。自らの身体と未分化の状態で外界を知覚する。だからそれらの区別さえものちの経験からしか得られないということをスピノザは言いたい訳だ。

心身合一の知覚　しかしそうした自己と外界との未分化な知覚がまっさきに経験するのは自分の空腹であり自分の痛みであり、またそうした知覚が他人には知覚されないということではなかろうか。他者の痛さは自らの体験から連想して知る他はない。自らの知覚の対象は精神が感ずる身体の統一的全体であり、それ以外のものではない（定理一二）。これが重要である。身体の有機的統一があればこそ、自らの精神によって、統一的な「わが身の出来事」の知覚として説明できるのであって、精神が身体を統一している訳ではない。これによって「人間は精神と身体とから成り、そして人間身体はわれわれがそれを感ずるとおりに存在する」（定理一三の系）と表明され、心身合一の現実的な基礎が与えられることになる。

いま述べた心身の合一は人間以外の知覚を有する他の動物などにも当然言えるはずではないのか。こうした心身合一が「ごく一般的な事柄であり、人間に当てはまると同様その他の個体にも当てはまり、これらすべての個体には程度の差はあっても魂がある」、とその備考で言う。いま「魂がある」と訳したanimataというラテン語はanimal（動物）の語源でもあり、アリストテレスの『霊魂論』の表題に連なる。アリストテレスは感性的知覚を統一する機能として魂を考えたが、人間知性の能動的な働きとの間にはいわば飛躍があった。人間知性の能動的働きは感性的知覚と同じ根拠からは導くことができなかったからである。

スピノザの場合には考え方が逆になる。一切の自然の起成因である神には思惟の属性があり、「人間は思惟する」という前提に立ちながら、感性的知覚の統覚は精神の知的で能動的な機能の受動的側面として発揮され、両者の連続性が保証されるからだ。思惟が自然に属する以上、人間にも動物にも、いやそれどころか植物や他の微生物にさえも有機的統一（個体）が認められ、その統一を保全する機能が働き、それを何らかのかたちで認知できるならば、「程度の差はあっても」「魂がある」とは言えないか。スピノザはここで万有霊魂論と言えるほどに積極的な主張をしている訳ではない。しかし有機的統一に伴う思惟様態の在り方に「程度の差」があっても、心身合一を「一般的な事柄」として認めたとは言えないか。それはともかく「思惟する」人間の問題に戻ろう。

だから先の定理一一は、それまでの彼の主張をまとめる第一歩でもあり、その意味でもその証明並びに系、備考は熟読に値する。ここで少しだけ要点に触れておこう。

十全な知覚と非十全な知覚は異なり、感覚の対象は物体と思惟様態のみ　定理一一の系に拠れば、神が人間精神の本性を構成する限り、人間精神は観念の対象を十全に把握することができるはずである。これを精神の能動と見れば、知性的な知覚はそれに当たる。ところが「神が人間精神の本性を構成する限りにおいてのみでなく、人間精神と同時に他のものの観念をも有する限りにおいて、神がこの或いはかの観念をもつ」とされる場合には、他のものの観念も自らの精神の働きに当然影響する。いやそもそもその「他のものの観念」抜きに自らの精神の働きを把握することはできない。だから受動と言える訳だ。その場合「人間精神がものを部分的にあるいは非十全に知覚する」とされるゆえんである。この状態から十全な観念を得ることができる状態に立ち返るためには、自己の精神の働きに、相互作用全体を俯瞰する観点が求められるだろう。それが「神が人間精神の本性を構成する限りにおいて、この或いはかの観念をもつ」状態へと連れ戻す精神の働きであろう。「人間は思惟する」と言うとき、このような反省的視点の確立を精神の能動として理解することで、初めて「人間精神は神の無限な知性の一部である」と言うことができるのである。例えば円を描くコンパスの中心がズレると正確な円にはならない。しかしズレた原因も併せて原因と見るならば、歪んだ円を生む十全な観念が得られるだろう。

しかしこの説明は、のちの第三部の「能動、受動」の定義も用いて試みたが、すぐには腑に落ちないかもしれない。だから備考でスピノザははっきりと「読者は疑いもなく躓くであろう」と明言する。それほどこれが思考の転換を要求する命題であると、彼は自覚していたのである。われわれも概要の紹介に留め、ことの次第が明らかになるのに任せて公理五に移ろう。

「もろもろの物体およびもろもろの思惟の様態の他には、いかなる個物も〈あるいは所産的自然に属する何ものも〉われわれは感覚ないし知覚しない。定理一三の後の要請を見よ」（公理五）。

人間知性が知覚可能であるのは、延長と思惟の二つの属性並びにそれらの変状に限られる（書簡六四）。この公理は、感性的な知覚についてそれを謳っていると考えてよい。「知覚」は、知性的な受容にも感性的な受容にも使われるからである。

なおここで参照を促している要請は、自然学に関する基本的な考え方を示すいくつかの命題を挙げたあと、もっぱら人間身体に関して提示されている。「人間身体は、（本性を異にする）きわめて多くの個体から一つに組成されているが、その個体の一つ一つがきわめて複雑に組成されたものである」

（要請一）から始まり、五つの要請がまとめられているから参照して欲しい。

大局的自然観は有機体論的である　それにしてもスピノザは大局的な自然観をどう捉えたのか。それを具体的に示してくれるのが書簡三二なので、ここでそれに触れてみたい。

当時まだ出来たばかりの英国王立協会の書記であったオルデンバーグという人は、スピノザの主として科学的な知見に注目してボイルとの意見交換の仲介もし、『書簡集』にはもっとも多くの往復書簡を残している。とはいえ彼自身は『エチカ』や『神学・政治論』の理解については困惑していた。この人から「自然の個々の部分がその全体とどのように調和し、かつ残余の部分とどのように連関するのか」と問われて、スピノザが所見を述べているのがこの書簡である。

先の問いに対してスピノザは、「どのように」というのは全自然とそのすべての部分を知らなければ答えられないけれども「自分が納得せざるを得ない理由」なら答えられると断わって、ほぼ次のような説明を行った。

全体と部分の関係について例を挙げて、血液の中に淋巴（りんぱ）や乳糜（にゅうび）の粒子を見分ける視力をもった小さな虫が居ると仮定すると「宇宙のこの部分における」われわれの存在は、この虫に当たる。血液の各粒子を部分としてではなく、全体として考察するであろう。ところが血液も外部との関わりの中にあるから「たんに血液の諸部分相互の運動の割合によるだけでなく、血液と外部の諸原因相互の運動の割合によって生ずる別種の運動と別種の変化が血液の中に生ずる」ことになる。むろん血液からも外部に作用が発している。この見方に立てば、血液は全体ではなく、血液の外部にあるさまざまな要因との相互作用を考慮せざるをえなくなり、人体の部分ということになる。部分を全体の一部として見るか、全体として見るかの違いに留意したい。スピノザは続けてこう言う。「さて、自然のすべての物体は、われわれがここで血液について概念したのと同様に概念されうるし、概念されねばなりません、云々」。ただし宇宙の本性は血液の本性とは違って限定されず絶対に無限である、と。

この書簡に見られるように全宇宙は延長属性の間接無限様態「全宇宙の姿」として具象化され、人間身体はその一部分として含まれる。そしてその部分としての個物の存在が一体的な自然全体の有機的連関の中に包含されているから、自然は部分から成るものではない。その意味では彼の自然観は機械論とは言いがたい。むしろ有機的構成体なのだ。

有機体論的であると同時に機械論的でもある　同じことは先章で紹介した補助定理七の備考にそのまま反映している。補助定理四や補助定理五は、抽象的にではあるが生長や物質代謝があっても「以前のままの本性を保持する」と表現している。ところが複合体の定義は、以下のように有機的構成体と言うにはいかにも機械論的である。

「いくつかの同じかまたは異なった大きさの物体が、他の諸物体によって相互に接合するように強制されている場合か、それともそれらの物体が、自分たちの運動を一定の割合で互いに伝え合うように、同じかまたは異なる速さで動かされる場合、それらの物体が互いに合一していると言い、またすべてが一緒になって一つの物体ないし個体を組成している、とわれわれは言うであろう。これらの物体のこの結合によって他の諸物体とは区別されるからである」（定理一三の備考内の定義）。

『デカルトの哲学原理』の中で彼がきわめて力を込めて解説しているのが運動量保存の法則を導いた二球の衝突である。『デカルトの哲学原理』ではその「衝突規則」を、デカルトに忠実に証明していたのである。デカルトは能動と受動の関係を一義的に能動は原因、受動は結果とみなし、受動する側にも力が発動することを念頭に置かず、衝突を真の相互作用としては受け止めなかった。ちなみにこの誤りを王立協会で証明したのはレンズ磨きでスピノザの知人であったホイヘンスである。

ともあれスピノザは『エチカ』では完全に相互作用の観点に立っていた。それがこの定義の前にある公理一の表現である。「ある物体が他の物体から動かされる一切の様式は、動かされる物体の本性からと同時に動かす物体の本性から生じる。云々」（定理一三の備考の補助定理三の後の公理一）。

相互作用であるから受動する側からも「物体の本性」が働いて結果の在り方を決めるのだが、その物体の本性とは何か。補助定理四と五から明らかなように複合体で「運動と静止の割合（比）」を一定に保つ力能に他ならない。前章で述べたように（四七―八頁）、こうして複合体は自らの「個体の形相」を保持する訳だ。ところがこの公理一は最単純物体に関する命題である。最単純物体というのは、その内包量が単純に拡がりしかもたない物体であって、原子論を指す訳ではない。それに対して複合体は、極端な場合、内包量が無限となる「全宇宙の姿」に見られる一個体であろう。だからまさしく単純に、言うならば力学的に「運動と静止、速さと遅さ」で区別される物体が最単純物体となる訳だ（補助定理一の前の公理一と二）。つまり二つの観点は重なり合えるのだ。一つ例を挙げて説明しよう。

私が仮に屋上から身を投げて自殺を図ったとしよう。私は有機的に複合体として組成された一個体である。しかし物理的に見れば私の質料と同じ石の塊を落とすのとまったく同じ運動量で地上に叩き付けられる。地上との相互作用の結果である。私を石の塊と同じように扱う訳だ。もしその中身を完全性という概念で表わすなら、自らを最低の完全性（最単純物体）にまで貶めるのが投身自殺という行為である。他者にふるう暴力も然り。同様に相手の完全性を最低限にまで貶める行為に他ならない。

部分を全体として見る視点と部分として見る視点の両立　前記の複合体に関する定義がいかにも機械論的に見えるのは、それぞれの部分を一つの全体として見た上で、それらの相互作用を説明しているからに他ならない。そして一個体の内部での相互作用をもっとも単純なかたちで示しているのが二球の衝突規則であり、それら二球の運動量をトータルに一全体として捉える観点が運動量保存の原理である。

無限性の第二規定を思い起こして欲しい。「運動と静止」の背後に個体に内在する無限なるもの、つまり延長性を支える力能がある。要するに可視的に「運動と静止」を見る観点とは違い、それと同時に延長的世界を構成する力能を見る観点が、その「運動と静止の一定の割合（比）」を保っていると見ているのだ。スピノザが二球の衝突規則にこだわったゆえんである。機械論的な延長的自然観をも許容する有機体論的な自然観こそスピノザの自然観なのだ。

ところでカントの『判断力批判』をご存知の読者であれば直ちに気付かれることがある。カントがそこで明確にしたのは、主観的に統整する原理として、判断力が自然目的の下に有機的に組織された全体を自然であると判断しても、悟性が自然の構成的原理に沿って判断する客観的な機械的原因性を「損なわない」（『判断力批判』第六七節等）ということであった。カントに先立ってスピノザはすでに部分相互の運動と静止の機械的因果の観点と、部分を全体の中で俯瞰する有機的な観点という二重の観点を打ち出していたのである。

その二　認識の方法をめぐって

平行定理について　いよいよ認識論的課題に入っていくことにしよう。まずは心身の原理的な二元論に立ちながらどのようにして心身の実体的合一を証しするのか、という基本的な課題に立ち返ることにしよう。それを解くカギとなるのが平行定理と呼ばれるこの部の定理七である。

「観念の秩序と連結はものの秩序と連結と同じである」（定理七）。

加えてその系は次のように言われる。「ここから次のことが帰結する、つまり神の思惟する力能は、神が現実に働く力能に等しいということである。換言すれば、神の無限な本性から形相的に生起することはいずれもすべて、神の観念から同じ秩序と同じ連結によって神のうちに想念的に帰結する」。

この定理七の証明はじつに簡単に「第一部公理四から明白である」として片付けられているが、次のような付言がある。「結果として生起したおのおののものの観念は、それの結果である原因の認識に依存しているからである」、と。

「形相的に生起する」ということは、すでに前章の属性の説明で明らかにしたように、実在論的な認識対象が「生起する」ことを指す。だからスピノザの場合、観念の対象となるものの起成因が形相的本質、つまり個物を形成する原因となり、かつての「形相因」をそこに吸収した。「生起する」と訳した用語は観念について論理的に「帰結する」と訳されている動詞がそのまま使われている。だから「神の無限な本性」が直ちに神の属性を指していると解釈すると、読み間違うことになろう。

むしろ実在的に区別される属性を必然的に無差別に「帰結する」からこそ、まさにそれが唯一の実体ないし神の本性でなくてはならないのである。ところが「結果の認識は、原因の認識に依存し、それを含む」という第一部公理四は、結果が原因に依存しそれを包含する関係と、結果の認識が原因の認識に依存しそれを包含する関係が、たかだかそれぞれ独立に成立することを指すにすぎない。そうするとこの公理を証明の根拠にすれば、それは属性からの証明であって、無限数の属性にわたる産出の秩序と連結の同一性の証明にはならない、という批判がある。

しかしそれは当たらない。すでに前章でこの公理について指摘したように、公理四の真理性を遡れば、それは唯一無限で不可分の実体に無限数の属性が帰属するという、実体がもつ本質構成的本性に支えられているからだ。属性を構成する構成的本性を神的本性に認めるのがスピノザの主張である。実体がもっている属性を構成する構成的本性こそが「無限なるもの」の自己展開の始源であるからだ。

定理七系の備考の冒頭は、このことを裏打ちしてくれている。「無限な知性によって、実体の本質を構成するものとして知覚されうるすべてのものは、唯一の実体に属するということ、したがって思惟する実体と延長する実体は同じ実体であり、それが或るときはこの属性の下で、また或るときはかの属性の下で捉えられるのだということである」。そして実体の構成的本性が始源である以上、同じことは他の無限数のいずれの属性においても「同一の秩序ないし同一の諸原因の連結」が見られることになろう。究極の始源が「唯一の実体に属する」ことで締めくくられているからである。諸属性の実在的区別と実体的合一は、こうして存在論的な根拠で与えられている訳だ。

すべて観念は神に帰せられる限り真である　こうしてスピノザは言う。

「すべて観念は神に帰せられる限り真である」（定理三二）。

同一の秩序ないし同一の諸原因の連結という平行定理の根拠は神に在る。受動形で「帰せられる」と訳した referre という動詞は、「関係する」と訳してもその意味が通るまい。すべての観念をその起成因に「帰する」、つまり始源に還元しそこから始めることを指しているのだ。前章で述べた通り同一性の証となる真理の外来的徴表、つまり観念とその対象との一致（第一部公理六）は、究極の起成因である神から発するものであれば、真理の本来的徴表に支えられるからだ。スピノザの真理の認識論的な根拠はその存在論にある。あらためて心身合一する個体ないし個物への神の内在の在り方を問い直す必要があろう。平行定理に続く定理八とその系はその点に関わる重要な命題である。

個物の形相的本質とその現実化　「存在しない個物ないし様態の観念は、個物ないし様態の形相的本質が神の属性の中に含まれているように、神の無限な観念の中に包含されていなければならない」（定理八）。

すでになんども確認してきたように、無限と有限の対立は、同時に永遠と持続の対立を意味しない。またその個物ないし様態の想念的有（想念内容として在ること）つまり観念も、この定理の証明に平行定理が使われているように、持続しているか否かは別にして、平行して思惟上の「神の無限な観念」に起成因を有することになる。では、神の属性に含まれる有限な個物の起成因、つまりその個物の形相的本質と、それが持続性をもって現実に存在する本質とはどう関わるのか。またその個物の観念はそれにどのように対応するのか。それを示すのがこの定理八の系である。

「個物が神の属性の中に包含されている限りにおいてのみ存在する間は、そのものの想念的有ないし観念は、神の無限な観念が存在する限りにおいてのみ存在する。そして神の属性の中に包含される限りにおいてのみならず、それが持続すると称される限りにおいても存在すると称される場合には、そのものの観念は持続すると称される存在をも含むことになる」。

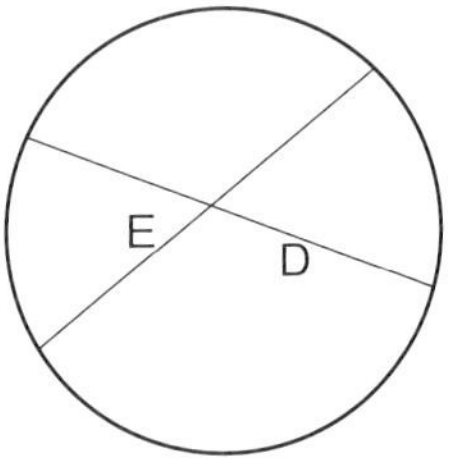

図2

現実に存在する個物は、このように永遠存在と同時に「持続すると称される存在をも含む」かたちで示される。このことは特殊な事柄なので十分説明できる例がないとしながら、スピノザはその備考で図2に示す具体例を挙げている。

この図で示されているのは、ユークリッド『原論』第三巻定理三五の、円内で交わるそれぞれの弦の交点で分けられる二つの部分でできる矩形の面積は等しいという命題である。例として直線DとEを示したが、もちろん直交していなくてもかまわない。その条件はないからである。証明はやや複雑だから関心のある方は『原論』を参照して欲しい。「円の中には無限に多くの、互に等しい〔面積の〕矩形が含まれている」とスピノザは言う。「円の本性」がそうさせるからである。互いに形の違いがあっても同じ面積をもつ一対の矩形は、円が存在する限り無数に存在し、平行論からその矩形の観念も円の観念が存在する限り無数に存在する。

ところでいま、「その無限に多くの矩形の中から」一対だけ、DとEの二直線の線分から成る矩形だけが存在すると仮定しよう。そうすると「たしかにそれらの矩形の観念もまた、たんに円の観念の中にすでに包含されているだけでなく、それらの矩形の存在を含む限りにおいても存在し、このことによってそれらの矩形の観念は、残余の矩形の観念とは区別されることになる」。この図形を裏返したり鏡に映したり回転させて重ねれば、同じ形をした矩形がいくつもできるが、「円」から見ればいずれも同一だ。それは円の本性に由来し、円の観念がそれらの矩形の観念の起成因だからである。面積を同じ割合（比）に保たせているのは円の本性である。

じつはカントも、スピノザとは真っ向から対立する目的論的視点から、まったく同じユークリッドのこの定理を取り上げている（『判断力批判』第六二節）。相交わる二直線から無限に多くの面積の互いに等しい矩形を生む「目的」として円を捉えるからだ。

ともあれわれわれは、互いに交わる二線分によって、形は異なるが同じ面積をもつ一対の矩形の観念を円内に無数に考えることができる。その中にはD、Eの二線分でできる矩形の観念も含まれているが、それらだけが可視的だということは、有限様態の本質と存在の起成因の違いから、その持続的存在には円とは別の「外部の」原因、つまりこの例で言えばD、Eを浮かび上がらせる鉛筆が働かなくてはならない。

ここから新たな問題が生じる。観念形成は、その対象の存在、非存在に関わらず可能だとスピノザが理解していることは先に述べた。この例で言えば、観念として任意に選び出して相互に交わる二線分D、Eは、鉛筆で浮き彫りしなくても概念できる。同じことは「存在しない個物ないし様態の観念」についても形式的には任意に選び出せるだろう。しかし現実の個物の形相的本質が神の属性の中に在るとしても、その役割は唯一、一回限りである。同じ線分D、Eは二度と描けないのだ。それが個別化の個別化たるゆえんである。その観念についても然り。たしかに「存在しない個物ないし様態の観念」も「神の無限な観念」の中に在りはする。しかし幾何学的図形では説明できないが、「存在しない個物ないし様態の観念」は、われわれにとっては、自然の秩序に応じてただ一度現実化するものに限られることになる。同じものの再来は在りえないのだ。だからこそわれわれは自らの持続的存在を軽んじる訳にはいかない。われわれの一人ひとりの形相的本質が神の属性の中に在ればこそ、こうしてわれわれ自身現実に存在しているのだから。この点は第五章でさらに検討しよう。

ともあれ「神は万物にとってたんにその本質についてのみならず存在についても唯一の原因である」(定理一〇系の備考)とは言うものの、われわれの持続的存在の始源と維持は延長的世界の原因の連鎖に依存し、その系譜をいくら辿ってみても、その根拠は明らかにはならない。スピノザはそのことを「われわれの身体の持続は自然の共通の秩序と諸物の仕組みに依存する」と表現している(定理三〇の証明)。

自然の共通の秩序に沿った感性的知覚の構造と偶然性　ここで使われている「自然の共通の秩序」

という概念は、「自然の秩序」という頻繁に使われる表現をより限定し、定理二九の系の備考によると、それは「外部から決定されて」表象的な観点から見た秩序であり、それに応じた知覚は、延長的自然に共通の一部分となっている身体の刺激状態を介した感性的な知覚になる。

とりわけものの持続の認識という点についてはそれが言える。非十全な認識しかもつことができないのは、自己の身体の持続だけではなく外部に在る個物の持続についても同様である（定理三一）。そしてスピノザはこの定理の系ではっきりと「この帰結として、すべて個々のものは偶然的で可滅的である」と言い、偶然性、可滅性について語り得るのは「この点に限られる」、つまり個物の持続についてだけだ、と言う訳だ。それについては、われわれがなんら十全な認識をもちえないからである。ちなみに「外部から決定されて」ということが受動的な感性的知覚を指すとすれば、「内部から決定されて」となれば、能動的な知性的知覚ということになる。つまり「自然の秩序」を「知性の秩序」で捉えるということだ。

ともあれスピノザは、これまでも見てきた通り、感覚器官を具体的に挙げて五感を区別することを一切しない。だからその語り口はきわめて抽象的で奇異に聞こえるだろう。ところが彼が残した蔵書には少なからざる医学書が含まれており、当時の先進的な解剖学的所見について無知であったはずはない。そうしてみるとこの「身体の刺激状態」という一括的な扱い方には意図的な何かがあると考えて間違いない。

要するに一切が身体を一個体とする刺激に還元されて一元的に説明されている。その一元化自体が機械論的な説明を超え出る訳だ。精神が自らと合一する身体の諸器官の相互作用を一元的に「わが身の出来事」として受け取ることができるのは、心身合一の知覚の項で述べたように、身体が有機的に統合されているからであって、精神が統合している訳ではないからである。それは精神の本質を一元的に捉える観点と照応し、例えば定理一七の備考で言われるように、「ペテロの観念はペテロ自身の身体の本質を直接に説明する」訳で、その合一する事態を「精神が……を観想する」という表現で示すことになる。

重ねて留意しておきたい。心身の合一は定理七で見たように、身体の働きと精神の働きという両者の「秩序と連結」が平行し同一であるということである。

表象像と表象の合一と知性の秩序との区別　この「観想する contemplari」という動詞は、いままで説明してきた「概念する」とか「知覚する」という動詞の使われ方とは違って、合一する事態の認識を指す言葉として以後も多用されるから、その動詞が使われているときには暗に心身の機能の一致や観念の反省的一致が示されていると理解してかまわない。アリストテレスで「観照する」と言えば、神的観点に理性が立つことを指すが、スピノザでも心身の合一は、神的観点からして初めて言えることだからである。この点についてはのちの話に譲ろう。

ではどのように感性的知覚は説明されるのか。同じ定理一七の備考で「人間身体の変状〔刺激状態〕の観念は、外部の物体をあたかもわれわれに現存するかのように表現する」と言う。ここで「身体の刺激状態」という点で語られているのは「記憶」やいわゆる観念連合と呼ばれる「連想」（次の定理一八とその備考参照）の基になる事象である。そして「精神がこの仕方でものを観想するときには、われわれは精神がものを表象すると言うであろう」と説明する。「人間身体の変状〔刺激状態〕」が表象像、「その観念」が表象であり、ここで身体の「表象像の形成」に対応する「表象する」という精神の働きを、心身合一を根拠にして「観想する」という動詞に換言していることになる。

このようにして「自然の共通の秩序」に従い外部の物体に刺激されて得られる表象にも心身の平行関係が成立し、互いの合一が成り立つことになる。しかし合一しているから真だとは言えない。「この連結は人間身体の変状の秩序と連結に従って生じ、それゆえ私はそれを知性の秩序に従って生じる観念の連結と区別する」。加えて「この知性の秩序によって精神はものをその第一原因から知覚し、また知性の秩序はすべての人間において同一である」、と。感性的知覚に基づく観念連合はものの本性の十全な認識には至らず、知性の秩序による観念の連結が第一原因、つまりは神から説明されるものであり、万人に共通するものであると明確に謳われている。知性の秩序に従う合一こそ真なのだ。

感性的な知覚でなければ知り得ないこと　ところが、どうしても感性的な知覚に拠らずには知り得ないこともある。これによって、初めて人間精神は自己の身体を認知しその存在を知覚できる（定理一九）。注意して欲しい。人間精神は人間身体を認知しはするが「人間身体を認識しない」（定理一九の証明）。身体の構成を細かく知っている訳ではないのだ。同じようにして精神は自己自身を認知し（定理二三）、外部の物体を現実に存在するものとして知覚する（定理二六）。その知覚が自己の身体の存在と外界の存在との区別、精神自身の自覚へと分化する過程が定理一九から二六に至る諸命題で取り上げられているのである。そのいずれもが身体の変状の観念、つまりは一体的な感性的知覚、これを統覚と呼ぶなら、それを抜きにして認識は成立しないとスピノザは考えた。

比例計算を例にした認識種別　スピノザは定理三二を境にして知性の秩序に従う認識の叙述に移る。この定理は、すでに平行定理を解説する際に一度触れた「すべて観念は神に帰せられる限り真である」という命題である。「知性の秩序によって精神はものをその第一原因から知覚し、また知性の秩序はすべての人間において同一である」（定理一八の備考）と言われるように、観念の出所を求めて第一原因、つまり始源である神に一切の観念を還元し、その統一点である起成因から繙けば、それらの観念は真であると言わざるを得ない。

また知性の秩序はすべての人間に共通するから、状況に応じて互いに異なるそれぞれの人間の「身体の変状の観念」とは違い、「内部から決定されて、すなわち多くのものを同時に観想することによって、ものの一致点、相違点、反対点を認識する」ことになる（定理二九系の備考）。認識種別の違いを説く定理四〇の備考二において、両者の違いを具体的に見ていこう。

スピノザが人間の認識形態を仕分ける試みは、『短論文』、『知性改善論』でも行われている。興味深いのは、その認識種別の説明の例として持ち出すのがすべて比例計算の操作と認識の関係であり、変遷し異なっているのは理性認識が『知性改善論』では非十全な認識として挙げられている点である。なぜかと言えば、スピノザの認識論で求められる究極の認識は個物の認識であり、普遍的で一般的な概念の獲得だけでは不十分とされているからだ（『知性改善論』一九、二九節）。ところが『エチカ』での理性認識は再び十全な認識に舞い戻る。この変遷の問題は措くことにして『エチカ』の仕分けで認識種別を見ていこう。

わたしたちの認識は、見たり聞いたり、要するに経験する事柄が何であるのかを既知の事柄と照らし合わせて一致点、相違点、反対点などから識別し、判断することで始まる。それが何なのかという判断を、自分が了解している一般的な概念に引き入れて納得する訳だ。そこで定理四〇の備考二で行う分類は、「一般的概念 notiones universales」の形成はいかにして為されるのかという問いで始められることになる。

日本語の「概念」には英語の notion と conception の区別がないので紛らわしいが、ここで言われる概念は前者である。後者についてはすでに説いたように実質的な思惟内容という意味合いがあり「観念」と同義語と考えてよい。ところが前者にはその意味合いはなく多数の異なる表象による混乱を避けるために「有」「もの」「或るもの」のような「超越的な名辞」という意味で用いられるか、それとも「共通概念」として論証の基礎として用いられるかである。共通概念というのは「人間」「馬」「犬」などのように、多数の表象に共通する一般的で抽象的な概念だと、先行する備考一で述べている。

ともあれ「一般的概念」の形成は、次のような手段で得られる訳だ。

一、「われわれに感覚を通して毀損し混乱して知性による秩序づけなく示されるもろもろの個物から」得られる概念。スピノザはこの知覚を「漠然とした経験による認識」と呼ぶ。

二、「もろもろの記号から」得られる概念。「例えば何らかの言葉を聞くか読むことで事柄を想起し、その事柄を表象することでわれわれがそれに類似するものの観念を形成することから」得られる概念。

これら二つの様式は第一種の認識と称され、「意見」ないし「表象」と呼ばれる。もちろん一は感性的知覚に基づく非十全な概念の形成であり、二も表象に基づく観念連合（定理一八の備考）であり、知性の秩序から区別されねばならない非十全な概念の形成に当たる。それに対して十全な概念を与えるのが理性に基づく次の概念形成である。

三、「最後に、われわれが事物の特質についての共通概念ないし十全な観念を有することから」得られる概念である。これがスピノザの言う「理性」ないし第二種の認識である。冒頭の「最後に deniqueというのは枚挙の際の常套句であるから「一般的概念の形成」についてはこの三つで終わる。そしてそれらとは対照的なかたちで第三種の認識が次に登場するのである。

「これら二種の認識の他に、後で述べることになる、第三種のものがある。われわれはそれを直観知と呼ぶであろう」とつけ加える訳だ。続いてその特性を説明して言う。「そしてこの種の認識は、神のいくつかの属性の形相的本質の十全な観念から、もろもろの事物の本質の十全な認識へと進む」、と。

つまり十全ではあるが第二種の認識とは違って「一般的概念の形成」に向かうのではなく「事物の本質の十全な認識」へと向かうのである。一般概念で対象を捉えるのではなく、スピノザがよく使う「この、あるいはかの」個別の本質を認識しようとする。そしてこれら三種の認識形態の違いを説明するために用いられる例が、1：2＝3：6という比例の計算なのである。長くなるので引用は省くが、テキストで確かめながら以下読んでみて欲しい。

最初のケースは、商人が比例の本性と特質には無関心で、操作を記憶し経験している状態である。比例の特質である内項の積と外項の積が等しいと教えられたことを利用して計算の答を出しても、なぜその操作が正しいのかという比例の本性については知らない訳だ。それを知るには証明が要る。商人は先生がそう教えてくれたという「意見」を認識の根拠にしているだけである。だからこの状態は第一種の認識の一に相当するだろう。

次のケースは比例の本性と特質を単純な一般的経験に求める状態である。最初のケースで、記憶した操作方法を再確認する必要が生じることがある。チョッと待てよ、第三数に第二数を掛け、その積を第一数で割って正しかったかな、と。そうした時いちばん手っ取り早いのは、最も簡単な数で確かめることだ。例えば1：2＝3：6だから、内項の積は外項の積に等しいと教えられた計算方法は正しい、と。比例の本性の観念は操作する商人の意識にはなく、操作の確実性の根拠は一般的経験に求められている。この経験からの帰納的な認識は、根拠に遡ってその正しさを求める訳ではない。経験的「表象」に通底する正しさを根拠にしているだけである。これは第一種の認識の二に相当するだろう。

　ユークリッド『原論』の第七巻定理一九は、第一数の第二数に対する割合つまり比が、第三数の第四数に対する割合ないし比に等しいという比例の本性から、第一数と第四数の積が第二数と第三数の積に等しくなるという「比例数の共通の特質」を導き、また逆に後者の特質から前者の比例の本性が成り立つことを証明する命題である。

　比例は、天びん秤のように平衡関係を映している。ユークリッドの証明は「比例数の共通の特質」に基づくから、どのケースにも一般的に当てはまり十全な認識を与えることができる。比例の本性に還元された認識が得られる。もし商人が比例の本性と特質の関係を念頭において計算するならば、操作の誤りも訂正できるし、操作上の不鮮明な記憶を蘇らせることもできよう。これが第三のケース、第二種の認識に当たる訳だ。

　一般的概念としての比例とその特質を求める認識はこれで完了する。経験上の個々の操作はこの一般的概念の個別例と見なせばよい。しかしスピノザの認識種別はこれでは終わらない。第三種の認識、つまり直観知を設定するのである。

直観知の特徴と直観知の果たす役割　比の同等性を謳うのが比例の本性であるから、比例計算を例にした直観知の説明で1対2から3対6を「一べつの下に見抜く」と言われる理由は、なんら操作を加えないで「比の同等性」つまり平衡関係を洞察することであり、そこに直観知と呼ばれるゆえんがある訳だ。比の同等性の直観は、比の恒常性の直観であり、比の保存性の直観でもある。しかしこれはあくまでも比例計算を例にした説明にすぎない。直観知の本来の説明は先に挙げたように、「神のいくつかの属性の形相的本質の十全な観念」から、「もろもろの事物の本質の十全な認識」へと進むものである。

これが比の同等性とどのように関わるのか。第二部定理八を思い出そう。そこで「存在しない個物ないし様態の形相的本質は神の属性の中に含まれている」と言われた。では属性の形相的本質はどこに含まれるのか。断るまでもなく神の中になくてはならない。実体がもつ本質構成的本性に属性の形相的本質が含まれている訳だ。属性から実体が構成される訳ではないからである。

そうすると直観知は、神の諸属性に対する神の観念の関係から、それぞれの個物とその観念の関係を、比の同等性において捉えることに他ならない。ちなみに「関係」を指すラテン語（ratio）は「割合」や「比」あるいは「理性」や「理由」とも受け取れる点には注目しておいてよい。

翻って言えば、神と属性から成り立つ実体属性関係を、それぞれの個物において洞察するところに、つまり個物に内在する神を直観する点に、この直観知の意義があると言える訳だ。実体属性関係を個物において洞察する比の同等性の直観は、個物における比の恒常性、比の保存性の直観をも意味する。

　複合体の場合にはより鮮明である。補助定理七備考の「全自然」を一個体として見る場合も含めて、補助定理四、五も六も、複合体としての個体は「運動と静止の割合（＝比）を以前のままに保つ」とされる。その個体の構成要素は替わっても形相に変化はなく、「以前のままの本性を保持する」と説く。つまり神の属性に対する統一と存在の維持は、それぞれの個物が有機的統一体として実現する起成因となっていることになる。それぞれの個物の認識が眼目であるならば、第三種の認識こそ、個物を個物として認識する真の意味で十全な認識形態であろう。第二種の理性認識は、それに対して十全なれども個別的ならざる認識と呼ぶこともできよう。

　注意して欲しい。これは理性によって共通概念から論証される類の認識ではない。のちにスピノザは、第五部の定理二三の備考でこの洞察を「精神の眼」と称して、われわれが自らの「永遠性を感じかつ経験する」証は、この「ものを見かつ観察する精神の眼」に他ならないと述べている。その眼が証になるということは、逆説的にいえば、前提から帰結へと導く論証に代わるのが直観自体であるということだ。われわれには永遠性や無限性を知る精神の眼が具わっており、永遠の相の下で真理を洞察しうるという訳だ。

そうだとすれば、比の同一性が比例を成り立たせているのだから、この洞察こそ、先に比例計算を例に挙げて説明された三つのケースの潜在的な前提として措かれているとは言えないか。第三種の認識は、いわば表象による認識や経験的で帰納的な認識、さらに第二種の理性の認識を可能にする条件となってはいないか。第三種の認識はその根本前提の認識でもあり、論証の前提となる直観だということにもなるだろう。

個物の有機的統一の認識はこの直観知に基づいている。そしてこの直観知を支えるものこそ、全体と同じ無限性が部分にも宿るという確信であった。スピノザのこの確信は、一九世紀半ばに集合論を介して論証されるまでは逆説として成り立つ数学的直観である他はなかったのである。

いよいよ個物に内在するその無限な活動能力が、人間存在について具体的に示す姿はどのようなものか、また十全な認識がそこで果たす役割は何かという次章の課題に移ろう。

第三章　感情という名の認識形態──『エチカ』第三部

感情を理解する　第三部の表題は「感情の起源と本性について」である。まずその序言は、人間存在を他の自然物とは次元の異なる別の存在として扱ってはならない、という警告で始まる。有名な「人間は人間にとって狼である」という格言は、ホッブズが自然状態における人間を、当時の無法な国家間の関係になぞらえて語ったものだ。スピノザはそれをもじって人間を「国家の中の国家のように考える」ということは、人間を自然の秩序に縛られない存在と見なすことであり、誤りだと指摘する訳だ。憎しみ、怒り、ねたみなどの感情も、それ自体で見れば自然の必然性と力から生ずると言う。しかしそれは生理学的な現象として感情を考察するためではなかった。スピノザの関心は、むしろ感情にまつわる人間精神の働きと人間の行動様式を、幾何学の図形を解くように観察し、言うならば人間行動学的に検証するところに向けられる。

能動・受動は主・客の違いでありまた作用の発現形式の違い　それゆえ冒頭の三つの定義についても、定義一は自然の法則を理解する原因性の区別として現れる。つまり第二部の定理一一の系で出て来る「十全な認識」と「非十全な認識」の区別が、「十全な原因」と「非十全な原因」の区別に重ねられる。この定義で次の定義二が、そしてこの二つの定義で定義三が鮮明になる。

われわれが十全な原因となって「われわれの内或いはわれわれの外に、われわれの本性から、その本性によってのみ明晰判明に知解され得る或る事柄が帰結する場合、われわれは能動する、と私は言う」。それに対して「われわれがその部分的な原因でしかない或る事柄がわれわれの内に生ずるか、或いはわれわれの本性から帰結する場合、われわれは受動する、と言う」（定義二）。これがいわゆる能動、受動に関する定義である。受動において作用の多重性が客体に認められ、作用を受ける客体自体からも作用の内実が発する。自然の中に在るわれわれ自身の相互作用の形式として説明されている訳だ。

しかも受動の定義は、いわゆる二球の衝突の原理に相即している（第二部補助定理三の後の公理一参照）。われわれ人間存在の身体的側面は、延長的自然の中での相互作用に曝され感性的な刺激を蒙る客体となり、その精神的側面は知覚作用としての受動を意味し、逆にわれわれ自身の本性が十全な起成因となり、また十全な認識による内的自覚なり外的行動ならば、われわれは結果の完全な主体となり、能動するということになる。

だから能動と受動は、作用の主体であるか客体となるかの違いだけでなく、その作用の発現形式の違いともなっている。そこで知覚作用はたしかに受動なのだが、外部からの刺激をネグレクトすれば、われわれ自身が「部分的原因」であることから、その知覚の主体であるかのような錯覚に陥る。例えば「私は太陽を見ている」と言うが、じつは太陽の光の刺激で身体が表象像を得て、精神がその表象を得るのであって、太陽を見る私の働きはその表象を得る「部分的原因」にすぎないのだ。

定理一から始まり定理三に至る命題は、精神の能動、受動についてであり、精神は「十全な観念をもつ限り必然的に能動し、また非十全な観念をもつ限りでは必然的に受動する」（定理一）と言う。では身体の能動はどうなるのか、という疑問が生じるだろう。身体の能動を明示する命題はないのである。

ここで強調され批判されるのは精神優位の思い込みである。これがアリストテレスにおける形相による質料の統括、デカルトにおける意志による身体の制御という考え方を生み出す根拠となったとスピノザは見る。定理二の備考によると、身体が「物体と見なされる限りで、自然の法則によって何をなし得るか、精神による決定がなければ何をなしえないかを、経験によってだれも教えられなかった」からだと言う。人間の知恵では到底出来ない能力を持つ動物もいれば、夢遊病者の例もある。前者については『デカルトの哲学原理』第一部定理七の備考の中で、クモが網を張る技術を例に挙げている。人間に困難なことでもクモには容易だ。夢遊病者は「身体が自己の本性の法則のみによって」精神には無自覚なことをする。われわれが夢遊病者に行動の責任を問えないゆえんである。

とは言え、平行定理から「身体の能動と受動の秩序は、本性上精神の能動と受動の秩序と同時である」（定理二備考）ものの、この同時性は精神の能動と受動からのみ明らかになることも間違いない。精神が身体の機能を支配する点にはないが、身体の機能を認識し、身体の行動を自覚するのは精神だからである。最近原因となる起成因は平行定理からして同一なのだ。身体の能動、受動もこの最近原因から知られる。

分かり易い例を挙げてみよう。歌手は声で歌曲の違いを表現するが、物理的に見れば等しく声帯の振動と口腔の共鳴である。それを音曲の違いとして表現し、聞き取るのは精神の働きだ。声の出ない歌手はいない。「精神の決意ないし衝動と身体の決定とは本性上同時であり、或いはむしろ一つの同じものである」。また「想起しない言葉をわれわれは話すことはできない」とも言う。心身合一は起成因を同じくし、まさに実体的である。だからこそ精神の働きは合一の認識になるのだ。

「衝動」を「自由」と見る勘違い

「衝動」もまた自然の相互作用の一つの現象だとスピノザは考える。「人間にとって舌ほど抑えがたいものはなく、自分の衝動を制御するほど困難なことはない」。だからこの衝動を「自由」と勘違いすることほど始末に負えないものはない。「人間は自らを自由であると思うがゆえに他の物に対するよりも相互についてより大きい愛或いは憎しみを抱き合う」（定理四九備考）訳だ。もちろん「幼児は自由に乳を欲求していると信じ、怒った小児は自由に復讐を欲すると信じ、臆病者は自由に逃亡していると信ずる」。経験がはっきり教えてくれるのは「人間は自分の行動を意識しているから自分を自由だと信じているが、そのくせその行動を決定する原因は無視している」(定理二備考)ということだ。書簡五八には「意識を持つ石」を仮定した同様の話があるから参照されたい。

ではは人間の自由はどのようなものとして成り立つのか。いままでの説明から予想されるように、それは精神の能動に拠るということになるが、この点については第五部の表題が「知性の能力或いは人間の自由について」とあるから、そこでの課題にしよう。

感情は混乱した観念であり認識作用の一つ　定義三は感情の定義である。「感情とは、われわれの身体の活動能力を増大し或いは減少し、また促進し或いは阻害する身体の変状(刺激状態)、また同時にそうした変状の観念である、と私は知解する。(付言) そこでもしわれわれがこれらの変状の十全な原因であり得るなら、そのとき私はその感情を能動と知解し、他の場合には受動と知解する」。「変状 affectio」によって「感情 affectus」が説明されるのは至極納得できることではあるが、それだけではたんなる感性的知覚と感情の区別がつかない。また受動感情に限られることにもなってしまう。だからあくまでも「活動能力の増減」という要素が感情の定義の中核を占めることになる。

そうすると先述したように、受動に際しても作用の内実が発現する訳だから、活動能力の増減とその意識という観点から見れば、受動も能動も異なる作用内実を伴っている訳ではない。これが「付言」

の能動感情を導くことになり、定理五八以下でその働きが説かれる。

感情は活動能力の増減に関わる観念　ではこの「活動能力の増減」とはいかなる事態を指しているのか。第三部の最後に再度「感情の総括的定義」があり、そこではこの活動能力のことを「存在力」と呼び換えてもいる。感情は精神が知覚によって身体の変状の観念を形成するが、その観念の作用が知覚内容の形成に止まらず、活動能力の増減の意識にまで結びつくことによって、逆にそこから知覚の対象を評価し、衝動や欲望を喚起する観念なのだ。その意味では知覚の内容を歪曲するような「混乱した観念」ではあるが、感情も原因の認識には違いない。精神がある想念にまとわり憑かれて始末に終えないことがある。感情はそうした類の認識なのである。

コナトゥスの概念　活動能力や存在力と呼ばれるものが何かを明らかにするには、スピノザの人間論でその中核を占めているコナトゥス〔努力、自存力〕の概念について詳らかにしなければならない。「個々のものがそれによって自己の有に固執しようと努めるコナトゥスは、そのもの自身の現実的本質に他ならない」（定理七）。

畠中訳よりも原語に忠実に訳してみた。コナトゥスというラテン語は、語源の conari という動詞に「力を込める」という意味が有り、通常「努力」とか「自存力」と訳されているが、もう一つ意を尽くせないので原語をそのまま使うことが多い。ここでもそれに倣うことにする。

ところで「個々のもの」とは個別の人間を指すだけでなく「もの」一般について存在論的に言われており、定理七はいわば定理六を含んだ形で提示されている点に注意したい。「それによって」という関係代名詞を使ってより具体的に努力の仕方までを含んだ表現になっている。実際にどんな努力をしているのか、という踏み込んだ規定である。コナトゥスが「現実的本質」と称されるゆえんである。どんな努力をしているかでそのものの現実の本質が露呈する訳だ。

遡って第二部定理四五の備考を見ると、「私がここで存在というのは持続のことではない」と断りながら、次のように言う。「たとえ個々のものが他の個物によって一定の仕方で存在するように定められているとは言え、個々のものがそれによって存在に固執する力は、神の本性の永遠なる必然性から帰結する」。

ここでは定理七のコナトゥスに相当する概念を、明確に「力」という概念で予め提示していることに注意したい。この力については、それが最初に登場する第一部定理二四の系でもそうだが、有ないし存在に固執する「力」の原因となるものを、属性の規定とは関係なく「神の本性」から直接導き「神の本性の永遠なる必然性から帰結する」と言う訳だ。そうであればスピノザの神は内在神であるから、無限の実体が様態化されて「個々のものの有」として宿ることになる。「神の能力は神の本質そのものである」（第一部定理三四）から、この「力」という概念はこの神の能力（＝力能）の内在に他なるまい。

つまりコナトゥスの力の源泉が神の統合的な力能にあるということだ。

ところがこのコナトゥスを、どんな形であれ自分の生存に執着する力だと受け取ることもできる。自己の有ないし存在への固執が、有限様態に内在する神の能力の積極的な発現なのに、持続の相に限定された存在に固執する在り方と、その背後にある本来の自己の有に固執する在り方との両義性を伴うことになる。これが努力の仕方を含めて、「自己保存力」を提示するスピノザ独自の形式である。

生命概念とコナトゥス　ところで従来生命体の統合原理となるものはアリストテレスでは質料に対する形相が担い、デカルトでは生命活動自体が機械論的であり、この身体に対する精神優位の統合原理は、思惟する自我の統覚以外には考えられない。したがってそれは明らかにアリストテレスの形相質料関係に由来し、キリスト教神学によって強化され、ライプニッツを経てカントからドイツ観念論に至ることは周知の通りであろう。物質の原理による精神の統合を狙う唯物論は当然その裏返しの立場になる。

スピノザは、新たな実体概念の下で無限数の属性の統一を確立し、実体概念を従来のように存在者の存在性を指すだけに止めず、物体や精神の統合よりもより根原的な統合原理として明示的に主張した訳だ。このことは西欧の形而上学的伝統に占める特異点であり、それゆえに画期的な観点であったと言えるだろう。「自己の有への固執」というその「有」は、じつはこの統合原理を指すと私は言いたい。

ともあれコナトゥスは、このスピノザの実体がもつ統合原理を様態化したものでなければならないだろう。もしそうであれば「自己の有への固執」という概念には、アリストテレスの造語エンテレケイア（円現）を「内的－目的の－保有態」とする説に従えば、この「目的」に替えた「起成因」という読み替えがスピノザで見られることになる。一切の起成因となる神の内在をコナトゥスに見ることができるのである。

『デカルトの哲学原理』の付録とされる『形而上学的思想』は、彼が或る若者のために講述した形而上学的な概念の簡潔な解説書であるが、その第二部第六章に「神の生命について」という一項がある。アリストテレスの『霊魂論』を解題するかたちで、スピノザは次のように言う。

「だからわれわれは生命を、それによってもろもろのものが自己の有に固執する力であると知解する」。

これは先の定理七と文章構造上ほとんど変わらない。この表現手法の同一性から見ると『エチカ』ではコナトゥスが生命概念に代わって登場したことになろう。また活動能力が生命の活動力を代弁する概念となっていることが歴然となろう。じじつ生活という意味なら別だが、『エチカ』では生命概念は皆目見当たらない。そうであればこそ、この統合原理は神自身に属するから、また次のようにも言わざるを得ない。

「しかし、神がそれによって自己の有に固執する力は、その本質に他ならないから、神は生命であるという言い方が最善である」。

スピノザは、われわれの生命活動自体に神の内在を見たのである。目的因でなく起成因を統合原理として立てようとすれば、精神と身体を統合する生命概念に着目せざるを得なかったのである。これは精神の統覚や身体の有機的統一に先立つ根源的な統一である。これを自然の「生命的統一」と称してもけっして間違いではあるまい。

倫理的判断に先行する生命活動　このような構想に立って、初めて感情の定義に現れる活動能力の増減という概念の意義が浮かび上がる。そしてスピノザにおけるエチカの意味が具体的に示される。善であれ悪であれ、倫理的価値に関わる概念は、このコナトゥス概念に先行できるはずがない。コナトゥスとは生きる努力のことだ。活動能力の増減は生きる力の増減である。善、悪の概念はこの生きる努力があってこそ初めて導かれるべきものである。

「われわれは或るものを善と判断するがゆえにそのものへ努力し、意志し、衝動を感じ、欲望するのではなくて、反対に或るものへ努力し、意志し、衝動を感じ、欲望するがゆえにそのものを善と判断するのである」（定理九備考）。

三つの基本感情と徳と呼ばれる能力　デカルトが驚異、愛、憎しみ、欲望、喜び、悲しみの六つを基本感情としたのに対して、スピノザは喜び、悲しみ、欲望の三つのみを基本感情として（定理一一備考）、他の感情のすべてをそれら三つの感情から導き出す。コナトゥスは「精神だけに還元されるときには意志と称され、それが同時に精神と身体とに還元されるときには衝動と称される。従って衝動とは人間の本質そのものに他ならない」。「衝動と欲望の相違は、欲望が自らの衝動を意識している以上、もっぱら人間に還元されるだけのことである」と言われる。要するにスピノザは「欲望は意識を伴った衝動」であると強調する（定理九備考）。この欲望が基本感情の一つとして、精神の受動、能動に関わるのである。じつは「衝動」も「欲望」もコナトゥス概念の代わりに使われることがある（例えば第五部定理四備考および定理二八参照）。「衝動とは人間の本質そのもの」なのだから。

ところがまったく同じ「人間の本質」を指す概念として、受動感情の欲望とは対照的に精神の能動にのみ関わる概念が次の第四部の定義八で示される「徳」である。しかも同じ第三部の定理七のコナトゥスの規定から導かれている。「徳と能力とは同じものであると私は知解する」。「人間の本質ないし本性そのものである」、と。この点は第四章で説明しよう。

人間は受動する場合にも自己の本性を発揮しはするが、あくまでも他のものの作用を受けてその他のものが持っている能力との相対的な関係で発揮するだけで、自己の本性だけによるものではない。われわれの欲望も、食欲にせよ性欲にせよ、自然の共通の法則に従う生理的な欲求に従うだけで、人間自身がもっている知性の秩序に沿った結果を生む訳ではない。まして感情に左右されて物事の判断を誤る事態は、人間知性の十全な発揮とは言えないだろう。オセロの嫉妬はデスデモーナを死に至らしめた。衝動や欲望は、コナトゥスの発現形態ではあるにしても、それが徳とは逆に受動感情による発動ならば、人間本性の十全な発現にはならないのだ。

「完全性の移行」という概念　喜びや悲しみが受動感情であることを説明するスピノザの言葉を見てみると、「喜びとは、従って以下精神がより大きい完全性へとそれによって移行する受動、と私は知解するであろう。それに対して悲しみとは、精神がより小さい完全性へとそれによって移行する受動、と知解するであろう」（定理一一備考）。

これからすれば、完全性という概念は、個々のものに内在している活動能力ないし存在力、つまり個々のものの実在性を代弁していることになる。デカルトでは『省察』第二答弁の付録の公理六に示されているように「実在性の異なる程度」は存在論的な種差に基づく概念である。スピノザは第四部の序言の中で、完全性の概念に癒着しかねない種差のような目的論的理解を払拭し、「自然の過誤に帰せられるものは何一つない」と言い、あくまでも「存在の完全性」を個々の様態に内在する活動能力の完全性に読み替える。しかもそれを連続的な変化のかたちで捉えようとする。それぞれの個物の活動能力を相互に比較する尺度としてではなく、それぞれの個物に内在する活動能力を十全に発揮しているかどうかを示す生命力の徴表として、完全性の概念を用いようとするのである。喜びや悲しみの感情がその徴表であり、「完全性の移行」という概念である。

愛と憎しみは基本感情ではない

「諸感情の定義」の六で名指しはしないが「愛とは愛する対象と結合しようとする、愛する者の意志である」という表現で、デカルトの愛の定義（『情念論』第二部七八節）を引用し、この定義は「愛の本質ではなくその一特質を表現しているだけだ」と批判する。つまり愛を生み出す起成因を説明していないというのである。

対象との結合への志向がなくても、愛は成り立ち得る。自然への愛、芸術や学問への愛。愛する対象と一体になる意志が生まれるとすれば、こうした「対象の観念を伴う喜び」が根底にあってのことだとスピノザは見た。愛の根底には生命活動の充実があり、喜びはその肯定的な徴表である。三つの基本感情はコナトゥスの在り方を直接徴表し、すべての感情はこの基本感情から紡かれる訳だ。

受動感情がわれわれの表象能力に依存する観念であるということは、われわれに出逢うものが本来無関係な者でも、連想によって偶然に共感や反感から感情を発露させもする（定理一五および系）。こうしてユダヤ人だからという理由だけで反ユダヤ主義の餌食になり得る。戯曲『屋根の上のバイオリン弾き』は、かつての東欧のユダヤ人（アシュケナージ）に対する襲撃（ポグロム）をある種ユーモアを交えて如実に描いた。南欧のマラーノ（豚）と蔑称されたセファルディもレコンキスタに追われて過酷な運命を辿り、スピノザの出自はそれに当たる。その感情論は半端なものではないのである。

感情の模倣と感情のアンビヴァレントな性質　いずれにしても感情が重要な意義をもってくるのは、人々の相互行為の場面であることは間違いない。その場面でカギとなるのが「感情の模倣」（定理二七とその備考）である。

愛する対象となるものの喜びや悲しみが愛する者自身の喜びとなり悲しみとなるのは当然である（定理二二）。憎む対象が悲しめば憎む者の喜びになるが（定理二三）、逆に憎む対象が喜ぶ際には喜ばせた当人をも憎み、憎む対象を悲しませた者には愛を感じるが、ここからまことに度し難い感情、つまり「他人の不幸を喜びまた反対に他人の幸福を悲しむ」ねたみと呼ばれる憎しみが生じる（定理二四備考）。

しかもこれまでなんらの感情も抱かなかった者にも、自分たちと同類とみれば、その第三者の悲しみに同情心を抱き、またその第三者の喜びの原因となる者に好意を感じ、悲しみの原因となる者には憤激を感じる。感情の模倣である。この憤激は、政治的利害を共にする民衆が、支配者の権力を脅かすに至る「共通感情」（『国家論』第六章第一節）の出所ともなる。「我々」と「敵」の二分法はここから生まれる。

ともあれ人間にとってもっとも度し難いのは、感情の本性と模倣から、慈悲心によって「同情する者を可能な限りその悲惨から解放するよう努力する」（定理二七系三）一方で、「人々を同情的にさせるその同じ人間本性の特質から、人々がねたみ深く、かつ名誉欲に囚われる」（定理三二備考）という、まことにアンビヴァレントな、両面価値的な感情の性格であろう。しかし感情は両面価値的で表裏はあるが、表は活動能力の肯定としての喜びであり、裏がその否定としての悲しみなのだ。ここにスピノザの人間本性に対するオプティミズムを見たい。

感情への隷従から自由への転換、自他の精神的和合への契機　反対感情が生じるゆえんも、じつはこの感情の両面価値性にある。「感情はそれと反対のより強い感情によってでなくては抑制されることも除去されることもできない」（第四部定理七）。

ホッブズは自然状態から国家状態へと移行するためには「死の恐怖」が、また国家状態を維持するためには「刑罰への恐怖」が、各人の恣意的欲望に対する反対感情として欠かせないと考えた。この二面性の克服にエチカの課題を見出したのがスピノザだと言ってもよい。憎しみやねたみ心を、愛や慈悲心と同じ出所から生まれたマイナス面と見た。同じ出所とはコナトゥスである。感情が精神の受動にすぎないと知り、感情をなんらかの仕方で処理することで、精神は自らの能動に転換されうる、と。

その転換の構造は、外部の原因の観念から内部の原因の観念への切り替えによる。愛は「外部の原因の観念を伴った喜び」であり、憎しみは「外部の原因の観念を伴った悲しみ」であるから（定理一三備考）、それに対して「内部の原因の観念」を伴った喜びと悲しみがある。その喜びが「誇りないし名誉」であり悲しみが「恥辱」だ。先に挙げた「名誉欲」は「誇りに対する過度の欲望」（諸感情の定義四四）である。

名誉欲の克服はきわめて困難だ。集団の中の個体の順位づけは動物行動の習いであるが、その照り返しは人間にも及び、人間にはどんなに落ちぶれても虫ケラのような扱いは受けたくない自負心がある。これがなければ隣家の不幸は鴨の味という「ねたみ心」がどうして生まれようか。逆にまたそうした感情の模倣に訴えて俗衆を煽動し、あるいは他者を陥れる愚劣な世論操作が生まれもする。ところが同じように「内部の原因の観念」を伴い、しかも他人の称賛を当てにせず非難を怖れてではない「自己満足」という喜びの感情と「後悔」という悲しみの感情が挙げられている（定理三〇備考）。もし称賛を当てにせず非難を怖れず、ただ自らの信念で為すべきことを行い、自足するという在り方が可能であるとすれば、それこそ「正しく行い自ら楽しむ」（第四部最後の定理七三備考）という自由の境地になるのではないか。感情への隷従から自由への転換の契機が、この「自己満足」ないし「自足」という感情に求められるはずである。

想念と行為それぞれの前提と帰結の循環、人間の生命活動　この転換の契機は定理三〇で述べられている。「もし或る者が他の人々を喜びに刺激するものとして表象する事柄を為したならば、原因として自己の観念を伴う喜びに刺激されるだろう。換言すれば自己自身を喜びでもって観想するであろう。反対にもし他の人々を悲しみに刺激するものとして表象する事柄を為せば、自己自身を悲しみでもって観想するであろう」。

平行論は想念と行為がパラレルになるとき、相互の一致をもたらすことを想起して欲しい。この命題は、行為者の想念上の前提と帰結を、感情の模倣を介して他者の経験として現実化することを表わしている。その原因を与えるのは行為者であって、現実化されるのは他者の経験においてであるから、必ずしも行為者の想念上の帰結と同じ帰結が現実化されるとは限らない。行為者の原因も当の他者にとっては受動であり、部分的原因にすぎないから受け止め方の違いが生じる（定理四二）。

もし想念上の前提と帰結が人間本性に相通ずる法則から成立するならば、想念上の前提は、一方の他者にとっては喜びをもたらす愛の原因としてその行為を受け止め、他方またその行為者にはその原因を与えた自らの行為に自己を意識する喜び、つまり自己満足が生まれる。同一の原因が他者には愛を、当の行為者には自己満足を生む。ここに「自他の精神的和合」が生まれ、人々の絆の基礎となろう。それに対して自他の精神的亀裂ないし断裂を導くのは、他者の悲しみの現実化にあることは断るまでもない。

このように行為者が想念上抱いている前提と帰結の関係は、それが行為の前提と帰結の関係に十全に反映する場合、そこには一種の肯定的な循環が成立し、相手の行為者に対する「愛し返し」や「感謝ないし謝恩」が期待できるケースもなくはない（定理四一備考）。しかし相手の精神にとっては受動であるから、期待しつつ裏切られて終わることにもなる（定理四二）。この循環の成立、不成立の確認が先の定理三〇で言われる「自己自身を、喜びをもって観想するであろう」、或いは「自己自身を、悲しみをもって観想するであろう」という「観念の観念」による反省的な自覚である。

　これによって「完全性の移行」が意識の上で確認でき、喜びや悲しみが湧く訳だ。この移行は循環の完結の証であって時間上の変化ではない。過去の他者の振る舞いの意味がしばらくして思いがけず解けることもある。そうであったか、と。我が身に生ずる出来事には対人関係も入れば健康状態も入る。そうした出来事についての納得の仕方の変化が「以前より大きい、或いは以前より小さい存在力の肯定」（＝完全性の移行）を指す。それは過去の状態と現在の状態を比較してのことではない、とスピノザは言う（感情の総括的定義）。我が身の実体験が示す局面転回、受け止め方の違いなのだ。

　しかしながら行動原理自体が感情の模倣を前提にする限り、感情のアンビヴァレントな性格を免れることはできない。「容易に憐憫の情に囚われ他人の不幸や涙に動かされる者は、のちに自らを悔いることをしばしば為す」（第四部定理五〇系備考）。とは言えこの自己満足は、先に挙げた「正しく行い自ら楽しむ」という格言に見られる生活、換言すれば自由人の生活を得る契機にはなる。なぜなら、その際互いの精神の和合で得られる喜びは精神の能動に伴う喜びと同質のものだからだ。

ここまで述べてきたところで気付くのは、この「感情の模倣」が第二部の比例計算を例にして説明される第一種の認識形態とまさに等価だということだろう。それは、感情が自己の有への固執の努力に関わる「混乱した観念」であり一種の認識形態である以上、当然のことである。ではその感情への隷従から解放されるすべはあるのか。自由人の生活はいかにして可能か。次章に移ろう。

第四章　互いに自由な人間の在り方――『エチカ』第四部

消極的な役割にすぎない完全性や善、悪の概念　第四部の「人間の隷従或いは感情の力について」述べる序言は、もっぱら完全性という概念の目的論的な解釈に対する批判に向けられている。善、悪という概念についても完全性と同じように、リアルな要素のない、たんに消極的で相対的な概念だということを訴える。かといってスピノザは、善、悪の概念を捨て去る訳ではなく、完全性の概念とともに消極的な扱い方のままで保存しようとする。

序言では「善とはわれわれが形成する人間本性の型にいっそう近づく手段」だと言い、悪はそれを妨げるものだと言うが、その「人間本性の型」を理念や目的と誤解してはならない。あくまでも指標ないし道標と見なせば分かり易い。人間は指標を示されて唯々諾々と従う存在ではない。目的を示しただけでは収まらないのだ。煽動されて間違った道標に従う危険性よりマシではあるが。行為を目的からではなくその起成因から理解せよ、人間の本質に眼を止めよ、とスピノザは警告する。

『エチカ』を表題にしながら、じつは善、悪に関する定義はこの部に至って初めて登場するのだ。善、悪の規定がなかった訳ではなく、第三章で触れたように第三部定理三九の備考には喜びや喜びをもたらすものが善であり、悲しみや願望の満足を妨げるものが悪だという規定があった。

しかしそれは、あの「善悪を知る木から（その実を）とって食べてはならない。それをとって食べるときっと死ぬであろう」（『創世記』二章七節）という善、悪についての原初的な表現を想起させるにすぎない。じつはヘブライ語の快、苦（tob, ra）にはこの善、悪ないし有益、有害が語義として伴うという説があり、当然スピノザはそれを知っていたであろう。いずれにせよこの素朴な理解は感情にまつわってのことであり、第四部でこれを明確に命題として掲げる（定理八）。しかしそれは各人それぞれの欲望にまったく無反省な、各自にとっての善、悪であり、共通の尺度に相当する訳ではない。必要なのは、概念としては消極的だが「善および悪の真の認識」である。それが第四部の定義一および二である。

善および悪の定義　「善とは、われわれにとって有益であることをわれわれが確実に知るところのもの、と私は知解するであろう」（定義一）。

「それに対して悪とは、われわれが善なるものを共有しないように妨げると、確実に知るところのもの、と私は知解するであろう」（定義二）。

感情の段階で善、悪を判断させるのは各人の欲望であり、各人バラバラに判断し行為する段階にすぎない。ここでは善は、それぞれのコナトゥスを含んだ「われわれにとって有益」なものとなり、悪は、われわれに善を「共有しないように妨げる」ものに変わる。しかもそれらの判断は「確実に知るところのもの」という表現で感情の混乱した観念を離れ、スピノザの認識形態の分類で言えば第二種の理性的認識、第三種の直観知の手に移っている。理性は感情への隷従の悪を知っているから、人間的自由をより大きく可能にする共同体の実現に向かう。さらに直観知は、持続的存在を離れて永遠の相の下での神への知的愛に真に自らの有益さを認めることになろう。第四部が扱うのは前者であり、後者は最終の第五部で取り上げられる。

精神の受動から能動への移行　感情の段階でも、相互行為の中で他者との和合をもたらす行為は、感情のアンビヴァレントな在り方にも拘らず精神の能動に伴う満足と通じ合った。ともに「より大きな完全性への移行」を意味するからである。これが精神の受動から能動への転換の契機となるゆえんである。

精神の受動から能動への転換の契機がもう一つある。未熟な三歳の幼児さえも、理由を問いたがり因果の説明をしつこいほど求める。腑に落ちないでは済まされないのが思考する人間の性だ。知性はその使い方次第では途方もない災禍の因ともなれば幸福を得るカギともなろう。感情や欲望に溺れて自ら反省に知恵を求めなかった者があろうか。そしてこれが思惟能力の自発的発揮に転化しうることは明らかであろう。これが第二の契機である。後悔としての反省はまだ精神の真の能動ではない（定理五四）、いまだ契機にすぎないとスピノザは見た。

精神の能動は、事象の生起に先立って結果する事態を予測し、「憎しみを買う」結果をできるだけ避けることだ。能動感情は「理性から生ずる自己満足」（定理五二）であり、精神がその活動の原因である自己自身を観想するときに生まれる喜びである。断るまでもなく能動感情には悲しみはない（第三部定理五九）。

精神の強さが徳　スピノザはこのようなことをなし得る能力を、定義八で取り上げてこう言う。「徳と能力は同じであると、私は知解する。つまり（第三部定理七により）、人間について言われる徳とは、人間が自己の本性の法則のみによって知解されうるような或ることを生ぜしめる能力を有する限りにおいて、人間の本質ないし本性そのもののことである」。

第二部の公理二においてスピノザは端的に「人間は思惟する」と掲げた。縷々述べてきたように、精神の思惟能力は、想念上の前提から帰結への関係が行為の前提から帰結への関係と一致することを、再度想念上の前提から帰結へと進んで確認することができる。「観念の観念」によって観想することができる。この、循環を確認できるという点に、精神の能動が特徴づけられているのである。

もちろん思い通りに行かないのが世の常である。しかしそれにも拘らず一致を求め、和合を求めるところに第三部で能動感情から生まれる意欲ないし衝動と言われた「精神の強さ」が生まれる（第三部定理五九備考）。「観念の観念」に拠る反省的思惟に戻って、再度十全な前提から帰結を求める精神の粘り強さは「勇気」と「寛仁」に分けられる。前者は各人が理性に基づいて自己の有に固執して最善のすべを求める「個人の徳」であり、のちにとりわけ「危機に際しての沈着」が挙げられる（第五部定理一〇備考）。後者は理性の指図に基づいて「他の人々を援助し、友誼を図る」意欲であり、理性に拠る「道義心」に結びつく。「寛仁」と「道義心」は「理性的な愛」と同じだと言う。

だから定義七で、われわれが通常「目的」と呼んでいるものは、起成因から見ればこの「帰結」を導く努力、つまり「衝動」のことだと言う。第三部の定理九の備考を顧みれば明らかであろう。他の定義についても、いずれもこれまでの諸命題から導くことができるものばかりである。

生きる努力の限界　第四部の唯一の公理として掲げられるのは、個々のコナトゥスの限界である。「事物の本性の中にはどんな個物にもそれより有力でより強力な他のものが存在する」。だから「人間がそれによって存在に固執する力には限界があり、外部の諸原因の力によって無限に凌駕される」（定理三）。こうした受動はわれわれが「自然の一部分」であるから（定理二）、逃れるすべはない（定理四）。こうして「人間は必然的につねに受動に服し、自然の共通の秩序に従いこれに服従し、かつ事物の本性が要求するだけそれに順応するということになる」（定理四系）。

以前にも述べた通り「自然の共通の秩序に従う」というのは他の動物や自然物と同じ物理的、生理的法則に従うということであり、人間の本性に独自の在り方を指す訳ではない。感情もまたその法則に応じて生じ、人間本性の振る舞いもそれに左右される訳だ（定理五の証明）。人間存在がなまじ知的であるから却って増幅され歪曲された感情によって翻弄されもする。まさに「混乱した観念」に拠る訳だ。いずれにせよこれらの法則に従う限り「反対のかつそれよりも強力な感情」、いわゆる反対感情に拠らなくては抑制できない（定理七）。

善、悪の認識に関して言えば、いくら理性で「善および悪の真の認識」を得ても「それが真であるというだけでは、いかなる感情も抑制できない」。未来の善、悪の真の認識も「現在において快を与えるものに対する欲望によって」圧倒される（定理一六）と言う。今日人類が直面している核物質や気候変動の危機に対する警告が浸透しない理由を、あたかも預言しているかのようだ。われわれはこれらによって理性が感情の抑制に対して有する「能力」とともに「無能力」をも自覚すべきであるとスピノザは言う（定理一七備考）。

こうして第四部は定理一八の備考を境にして、理性が何をなし得るかについての説明に移ることになる。

理性が求める徳は自己の利益に反することを要求しない　定理一八の備考は次のように展開する。まず思い起こすべきことは「理性は自然に反する何ごとも要求しない」から、理性は「各人が自己自身を愛すること、真に有用となる自己の利益を求めること、人間をより大きな完全性へ真に導くすべてのものを欲求すること、要するに各人が自己の有をできる限り維持するように努めることを要求する。このことはじつに全体がその部分よりも大であるというのと同様に必然的に真である」。そして「徳は自己の本性の法則に従って行動する〔つまり能動する〕ことに他ならない」、と。

常識からすれば「有徳者」は「無私な人」で在るべきだと思うに違いない。しかし「能動的に自己の有に固執すること」は、けっして自分だけの欲望を充たすことを意味しない。自他に通ずる理性の原理に立っているからだ。「理性の導きに従って自己の利益を求める人間は、他の人々のために欲しないようなな、いかなることも自分のために欲求することがなく、したがって彼らは公平で誠実で端正な人間であるということになる」。

ここでスピノザは例を挙げて、自殺する人は外的原因によって押しつぶされた「無力な精神の持ち主」だと言う。死にたいのは自分だけだ、と言う訳だ。

人間にとって人間ほど有益なものはない　こうして、個々人では弱小なコナトゥスが相互の利益を導くように和合し、強化される方法が、理性の探る道ということになる。ホッブズは「人間が人間にとって狼」となる自然状態に換えて「人間が人間にとって神」となる人為的な国家状態への移行を促すが、スピノザは人間の自然性にこの諺を当てはめて、能動の徳を介した相互の和合の必要性を語る。「人間にとって人間ほど有益なものはない。敢えて言うが、人間が自己の有を維持するためには、すべての人間がすべての点において一致すること、すなわちすべての人間の精神と身体が一緒になってあたかも一精神一身体を構成し、……すべての人間に共通の利益を求めること、そうしたこと以上に価値ある何ごとも望み得ないのである」（定理一八備考）。

理性が「あたかも一精神一身体を構成する」かの如くにお互いが一致することを要求するからと言って、全体主義的な国家を求めていると誤解してはならない。スピノザにとって国家共同体は、各人が完全性を実現するために寄与するように組織されるのであって、それ以上のものではない。徳を育むためにも、肝に銘じて相互扶助を有り難く思うべき存在が人間なのだ。ところが残念ながら人間は、理性の指図に従うよりもほとんどの場合欲望と受動感情に駆られて行為する。国家が求められるゆえんである。

国家はなぜ必要なのか　彼の国家観を詳らかにするには絶筆となった未完の『国家論』に当たるしかないが、定理三七の備考二にはその骨格が示されている。

まず各人のコナトゥス、生命活動自体がいわゆる自然権に当たり、これが「最高の自然権」であるから、とうぜん国家状態においてもこの自然権は譲渡できないし制約を受けない。これがホッブズとは異なる独自の観点である。

だとすれば、感情に隷従し相互扶助を必要としながら対立的になる人々が「相互に保証を与え相互に信頼しうる」状況をどのようにして造り出すのか。定理七並びに第三部定理三九から「反対感情によって抑制するしかない。「他人に害悪を加えたくても、より大きな害悪が自分に生ずる恐れがあれば、それを思いとどまる」ように、社会自身が共通の生活様式の規定や法律の制定に対する実権を握るようにし、しかもその法律を「刑罰の威嚇によって」確保し、こうして「法律および自己保存の力によって確立されたこの社会を国家と呼び、国家の権能によって保護される者を国民と名づけるのである」。この点はホッブズと変わらない。

しかしここで言われる「自己保存の力」は法律の制定権を含めて社会自身の要求と社会的合意に基づく個々人の力の糾合体である。だからもし国家の権力の執行者が理不尽な振る舞いに陥れば、各人の自然権の糾合体である権力はその実体を失い、支配者は失権することになろう。ホッブズとは異なり彼の国家論の基底に民主制が考えられたゆえんである。

ただし多数の力が理に即してではなく感情の奔流による場合があることを、彼はもちろん現実のオランダ政治の動向から経験していた。とりわけ神の啓示に基づく神的正義と神的愛を神の戒命への服従によって実現しようとする、「信仰の模倣」と呼んでもよい多数派工作が、当時のオランダ社会の危機を招くさまに警鐘をならし、『神学・政治論』を書くことになった。

正義、不正義、功績、罪という概念は、個人の徳不徳ではない　ともあれ、「自然状態において罪過は概念され得ない」とスピノザは言う。いわゆる宗教的「原罪」も含めて、人間本性にはいかなる罪もない。スピノザにとっては、国家状態において初めて罪過が問われ功績が讃えられ、かつまた正、不正ということも問われるのである。「自然状態においては正義とか不正義といわれうる何ごとも起こらない」。スピノザの結論はこうだ。

「以上のことから正義ならびに不正義、罪過および功績は外来的概念であって、精神の本性を説明する属性ではない」。

法を遵守し報償に値する行為も服従に拠る結果であるならば、欲望に支配された行為と同じように精神の隷従の果実に過ぎないからである。服従それ自体は断じて美徳ではない。法の強制力への受動である。行為の結果はよしんば能動的な「自ら法の主体たりうる自由人」（『国家論』第二章二一節）のそれと一致するにしても、精神の能動が生み出した行為ではないのだ。第一章で述べたように、真理の外来的徴表が第二義的であったのと同様である。精神の本来性が起成因となり能動的に発動した行為ではないからである。

国家状態は各人をより完全な状態に導く不可欠な条件ではあるが、ひっきょう倫理的課題は個人の生き方に還元されて問われねばならないのである。

自由人の在り方　第四部は、定理六五から最後の定理七三に至るまで「自由人の心境および生活法」について述べ、末尾に第三部と同様、この部の総括を項目に分けて略記し付録にしている。ちなみにこの付録には金銭欲など書き漏らしたことも加えられており興味深い。

要するに「感情ないし意見のみに導かれる人間」と「理性に導かれる人間」との違いが、彼によれば「奴隷」に対する「自由人」の違いを意味する（定理六六系備考）。だから両面価値的な感情への隷従、理に即して納得できない見解にも安易に支配される心情を脱却した者、それが自由人と呼ばれる指標である。

現在のより小さい善に換えて未来のより大きい善を求め（定理六六）、当時の警句「死を忘れるな memento mori」に逆らって、死についてよりも生についての省察を選び（定理六七）、無知な人々からの憎しみを買わないようにその親切をできるだけ避け（定理七〇）、相互の感謝は自由人たちの間でしか成り立たぬと心得て（定理七一）、詐らずつねに信義を守る者（定理七二）と挙げていくと、スピノザ自身の生活を彷彿させることになろう。それは少数者のことではないのか。では望みうる自由が他にあるのか。だから彼はけっして孤独に生きはしなかった。『書簡集』や伝記に見られるように信頼を寄せる友、敬愛する者が数々居た。

ともあれ国家共同体が自由人に欠かせないのは事実だ。個々人を尊重する共同体があればこそ、それぞれに異なる見解をもってはいても、互いを尊重し可能な限り啓発し合う自由な精神が活かされもするからだ。

「理性に導かれる人間は、自己自身にのみ服従する孤独においてよりも、共同の決定に従って生活する国家においていっそう自由である」（定理七三）。

平和の概念の深い理解［再版追記］

案外知られていないことだが、平和の概念についてその考え方の源を辿ると、ホッブズの捉え方とスピノザの捉え方の違いに行き着く。ホッブズは〈戦争の欠如〉を平和だと捉えたのに対して、スピノザは戦争の原因が存在する限り真の平和とは呼べないとして、〈平和の欠如〉が戦争なのだと、平和を積極的に捉えた。

「その国民が恐怖に脅かされて武器を取らない国家は、平和状態であると言うより、戦争のない状態であるとむしろ言われるべきである。と言うのも、平和は戦争の欠如に非ずして、精神の強さから生ずる徳であるからである。……他にも、国民がただ隷従することしか知らない、あたかも家畜のように導かれ、平和がそうした国民の無気力に拠っている国家は、国家と称されるよりも荒野と称されて然るべきである」（『国家論』第五章第四節）。

この考え方は「構造的暴力」という概念の最初の発見と言える。

「国家共同体（republic）の究極目的は、支配することではない。……人々を恐怖によって抑制し、他者の権利の下に置くことでもない。……各人が存在し活動するための自然権を、各自が自他の損害なく最善に保持するようにすることである。国家共同体の目的は、実に自由にあるのである」（『神学・政治論』第二〇章）。

この考え方はノルウェーの平和研究（平和学）の創始者の一人ヨハン・ガルトゥング（一九三〇―）に受け継がれ、戦争の不在としての平和を「消極的平和」とし、福祉が保証され戦争の原因となる「構造的暴力」がない状態を指す「積極的平和」の概念と対照化させ、定着させたのは有名である。

われわれは、第一次大戦後の国際連盟の活動が破綻し、その反省の上で第二次大戦後国際連合が生れ、その憲章に従来無かった機構主義（国際協力）、民族自決、人権尊重などのまさしく「積極的平和」を目指す課題が謳われ、ユネスコから地球環境保全に至るさまざまな国際機関が生れ活動してきた歴史に、多くの障碍にも拘らず、その証左を見ることが出来る。

平和憲法を持ちながら、その理念を無視して軍備を整え軍事同盟の強化に走る政策を「積極的平和主義」と称するのは、厚顔無恥な概念の詐称であり、国連の歴史の歩みを忘れた政策であろう。

第五章　永遠の相の下での神への知的愛——『エチカ』第五部

第五部の表題は「知性の能力或いは人間の自由について」である。その冒頭で「最後に私は自由に達する方法ないし道程に関するエチカのもう一つの部分に移る」と言う。この「もう一つの部分」という言葉で相互行為の場での社会倫理を扱う第四部から、第五部はもっぱら個人の至福の追求をテーマとする個人倫理に移る訳だ。

その序言は、すでに触れたように実在的に区別される心身の実体的な合一という難題を、脳の松果腺の働きという生理的メカニズムで解決するデカルトのやり方に疑問を提示することから始まる。それゆえストア学派やデカルトとは違った感情に対する治療法がこの部の前半の課題だ。後半は「永遠の相の下での神への知的愛」によって「存在しうる最高の満足」を生む第三種の認識が取り上げられる。

感情の治療法　この部には新しい定義はなく、まず二つの公理が挙げられるが、公理二には使われた形跡はなく、コナトゥスの規定を具体的に再確認するだけだから公理一のみを掲げよう。

「同じ主体の中にもし二つの相反する活動が喚起されるならば、両者が相反することを止めるまでは、両者の中にか一方だけにか必ず或る変化が起こらざるを得ないであろう」。

この公理は、この部の定理七の証明で使われているが、それによるとコナトゥス内部での相反する感情の相克を巡ってのことだと分かる。ところで受動感情をひきおこすのは、外部のものが直接原因として関わって生ずるのではなく、その外部のものについて抱くわれわれの表象が原因であった。だからその表象作用が続く限り感情は続くことになる。もっともその表象は次第に薄れ消失しはするが、はっきりとそれを失う契機はその外部のものの存在を排除する知覚である。常日頃台所に聞く物音がせず妻の姿がない。愛する対象の不在はこのようにして表象作用自体でわれわれに悲しみを喚起する。時が癒してくれるのはさまざまな表象に紛れるからである。われわれが憎む者についても、またわれわれを憎んでいる者についても同様である。いっそ死んでくれたら、とその不在を想像する。悲しみや不安は一時逃れだが和らぐだろう。

感情の治療法は、じつはこのような受動感情を能動感情へと切り替える精神の活動にある。コナトゥス内部における感情の相克は、受動感情そのものから脱却しようとするプロセスで生じる。その主なものの一つとして別の想念に切り替える方法がある。

定理四の備考の結論では、精神の能力によって「感情を真に認識する」以外に感情の治療法はないと言う。ではどのようにして理性的判断に伴う能動感情に切り替えることができるのか。定理二からすると、受動感情は表象作用で生ずるのであるから、その感情を惹起する外部の原因の観念を想念から取り去り、別の想念に切り替えればよい訳だ。心頭を滅却すれば火もまた涼し、と言うのか。そんな生理に反することをスピノザが言う訳はない。

同じ定理四の備考でこれを検討してみると、他者に善を施そうとする欲望は道義心（pietas 宗教では敬虔）とよばれ精神の能動であるが（第四部定理三七備考一）、それは同じように他者に善を施して歓心を買おうとする欲望、つまり名誉欲と同じ衝動である。しかし後者は他者の歓心を生まなければ収まらない。栄光ないし誇り（畠中訳、名誉）はあくまでも自己満足であり精神の能動にも伴うが（第四部定理五八）、名誉欲となればまったく受動なのだ。だからその切り替えは、他者に善を施すという自らの行為の結果に満足を得る衝動へと、想念を切り替えることを意味している。

もう一つ欠かせないのが、事態を自然の必然性として理解することである。それは定理六の備考の例で言えば「失われた善に対する悲しみは、その善を失った人間がどんな方法でもその善を保持することができなかったと考察する場合、直ちに軽減されるのをわれわれは知っているからである」。障害を伴って生まれるのもそうだが、自然の必然性からの事態であれば、自然の過誤に帰して不完全と称する訳にはいかないと言う。可能な限り与えられたいのちを生きることは自然の必然性を受け入れることである。健常者と比較して不完全とは言わせないだろう。

かといってこうした処方が容易にできるとは彼も思ってはいない。われわれは精神の能動への移行を一挙に遂げられるものではなく、言うならば修練を必要とする訳だ(定理一〇備考)。公理一で言われる心情の動揺、感情の相克はなかなか収斂し難いのである。なお他の感情の治療法については、総括する定理二〇の備考で五つの要点が挙げられているから参照して欲しい。

悲しみの原因を十全に知れば喜びに転じうる

もし精神の能動への移行が十全に果たされるならば、次の命題も不可思議ではないことになる。定理一八には「何びとも神を憎むことはできない」とあるが、その備考で次のように言われる。「われわれが神を悲しみの原因であると知解する限り、われわれは喜びを感ずる」、と。

一切の起成因が神であり自然の出来事の一切がその必然の結果として認識されるならば、われわれはその必然性を受け入れねばならない。死の必然も然り。それは啓示宗教の立場からすれば、神から与えられた試練であり苦難であろう。それにしてもわれわれは悲しみさえもその原因を十全に知解すれば、喜びに転じうると言われるのだ。これはもはや時間的な持続の枠を超え出て解決を見出すしかない課題となる。定理二〇の備考は次の言葉で締めくくられる。

「ゆえにいまや身体に対する関係を離れた精神の持続に関する問題に移るときである」。

第三種の認識と神への知的愛　各人一人ひとりの経験として蓄積された情報、つまり表象像や記憶は、それぞれの身体とともに消失する（定理二一）。ところがスピノザは言う。「人間精神は身体とともに完全には破壊され得ずに、その中の永遠な或るものが残る」（定理二三）。神の中には「人間身体の本質を表現する概念ないし観念が必然的に在る」（同証明）と言われる。しかしそれは「このまたはかの人間身体の本質」、つまりは個々の身体の本質を「永遠の相の下に表現する観念」が「必然的に在る」（定理二二）からだと言う。第二部定理八にまつわる経緯を思い出して欲しい。

スピノザが言いたいのは、第三種の認識を通してわれわれ人間は、自らの身体の本質を神の本質を構成する延長から直接与えられて、いまここに、こういう姿で生きているのだということ。そしてそのいま在る自己の姿は、その神、つまりは能産的自然のいのちの働きを分有し、それを本質としてそこから自己の働きのすべてが生み出され、現象しているのだということ。生きる努力として固執する「自己の有」とは、そもそも神によって与えられた永遠の相の下での自己のことであり、持続のもとでの自己はその現象形態にすぎないということ。そうしたことを絶えず自ら意識し、その意識とともに当然自己の始源である神を意識し、さらには所産的自然のもろもろのものについても神の内在を意識しながら、生きることが可能だということ。そしてその意識こそが「身体とともに完全には破壊され得ずに、……残る」精神の部分だ、とされている訳だ。

そしてその精神の営為は、スピノザの思想がいまも残るように、永遠の相の下での活動としてわれわれの精神に伝えられるであろう。

われわれの精神の眼が証明自体である

ちなみに直観知である第三種の認識を巧みに表現する言葉が定理二三の備考にある。まず「身体の本質を永遠の相の下に表現する観念」が必ずや存在するという定理二二に戻って、「永遠性は時間によっては定義され得ず、時間とはなんら関係をもち得ない」と言ったあと、こう言う。「しかしそれにも拘らずわれわれは、われわれが永遠であることを感じ、また経験する」、と。続けて「なぜなら精神は、知性によって概念する事柄を、記憶の中に有する事柄と等しく感じるからである。つまりものを見、かつ観察する精神の眼が、証明自体なのである」、と。

精神が「感じる」という直接的な表現に注目したい。眼が証明自体だということは、理性的な論証に拠る証明ではなく、第三種の認識のもつ直接的な自明性を物語っているからだ。

「人間精神は身体とともに完全には破壊され得ずに、その中の永遠な或るものが残る」という定理二三の証明に欠かせないのは、円の中に一対の同面積の異なる形をした矩形が無数にできるという例で説明される第二部定理八の系である。なぜこれが重要なのかと言えば、われわれの精神が永遠であるということは、「われわれの精神が身体の本質を永遠の相の下で含む限りにおいて」（定理二三備考）という条件で証明されるからである。そうでなければ人間精神は人間身体の現実的存在が失われるとともに滅び去ることになろう。

ところがその系に拠ると、この或いはかの、個別の人間身体は形相的本質を起成因として、それぞれ一回限りの現実性を担ってこの世に登場している訳だ。一回限りと言うのは、第二部の定義二に拠ってそのものが無くなれば個々のものの現実的本質が失われるからである。しかしその起成因となる形相的本質はその役割を果たすが無くなりはしない。個別者が繰り返し登場しないのは個別化の一回性に拠る。だがその本質の根拠は神の本質の中で永遠の相の下に在る。神によって髪の毛一本に至るまで数えられているとも言える。したがって定理二九は次のように述べる。

「精神は永遠の相の下で知解するすべてのものを、身体の本質を永遠の相の下に概念することによって知解する」。

だから個別の身体の存在と能動的な活動なしには精神の活動も思想も生まれはしないのである。生身のスピノザが居たからこそ彼の思想も残ったのだ。神を根拠にする平行定理を抜きに精神を語ることはできないのだ。そしてこの定理に基づいて、ものを永遠の相の下で概念するということは、ものを神の本質を通したリアリティーとして概念することであるから（定理三〇証明）、精神は、自らを含めてもろもろのものが「神の中に在りかつ神を通して概念されることを知る」ことになり（定理三〇）、絶えず神を意識せざるを得ない訳だ。第三種の認識が拠って立つのは、「永遠である限りでの精神そのものであり、それを形相的原因としている」（定理三一）ことになる。

そうすると、定理二九の備考にあるように、「ものはわれわれによって二様の仕方で現実として考えられる」ことになろう。ものを「一定の時間および場所に関係して存在すると概念する」か、それとも「神の中に含まれ、神の本性の必然性から生ずると概念する」か、つまり「持続の下に」か「永遠の相の下に」かいずれかとして概念する訳だ。永遠性を認識できなければ、この二様性には気付かない。その意味でも精神の眼は永遠の相の下に属していなければならないのである。

神と共に在る喜び

さらにこの精神の永遠性をもたらす始源として神を意識させる第三種の認識は、「神の観念を伴う喜び」をもたらす。神の観念を伴う喜びは神への愛に他ならない（定理三二）。それはしかし知性の働きに伴う愛である。「第三種の認識から必然的に神への知的愛が生ずる」（定理三二系）訳だ。スピノザは、この愛の独自性を説き『エチカ』を締めくくる。そしてこの愛が精神に至福（beatitudo）をもたらすと言う。

「もし喜びがより大きい完全性への移行に存するとしたら、至福はじつに精神が完全性そのものをもつことに存しなければならぬ」（定理三三備考）。

ここまで来て生きる努力は、コナトゥスの究極点、まさにアリストテレスの言う円現に至る訳だが、受動感情に曝されるわれわれ人間の精神にこの至福は果たして与えられるのであろうか。スピノザが第五部を結ぶ有名な結語は次のようなものであった。

「たしかに、すべて高貴なものは稀であるとともに困難である」（定理四二備考）。まことに稀で困難な道かもしれない。しかしわれわれ人間が「確実に所有できるもの」と言えば、「明晰判明な認識、わけても神の認識そのものを基礎とする、あの第三種の認識」であってそれ以外にはない（定理二〇備考）。そうであれば、それを求める努力を徳として、そこに「精神の強さ」を発揮する以外に辿る道はないはずである。スピノチストを衝き動かしているのはこの確信ではなかろうか。
そうでなければ、他の動物や植物などの自然物とともに「自然の共通の秩序」に支配され、ときどきの感情に翻弄されて生きる道しか残されていないことになろう。幸いなことに、この完全性への移行自体に喜びが伴うところに救いがある。それが神の人間に対する愛の証なのである（定理三六系）。神と共に在る喜びは知的に享受できるのだ。

『エチカ』の循環構造　その定理三六系の備考で、スピノザは『エチカ』の構成にも関わる重要な指摘を行う。「われわれの精神の本質は認識のみにあり、神はこの認識の始源であり基礎である」と言うのだ。もちろん「始源」は自己原因である神自身であるが「基礎」と言われるものは「内在する神」でなければならない。それはそれぞれの個物に内在するコナトゥスである。現象の変化を貫いて自らの同一性を維持し、保存する神の力能の自己同一こそ神の力能の証であり、われわれの生きる努力にはもちろん、一切の個物のコナトゥスに自らを顕示し、神の内在を証する。その神の内在を直接認識し自覚するのが第三種の認識の特徴であった。またこの点にスピノザは共通の特質の認識に止まる第二種の認識に勝る特徴を見た。

ところで『エチカ』の構成は、幾何学的秩序に基づく論証的展開であるから、全編が理性認識に拠る著述である。この備考の末尾で語るスピノザの言葉は、この構成に関わって興味深い。自分は第一部においてすべては（人間精神も含めて）神に依存することを「一般的に」述べたが、その証明に疑問の余地はないとは言え、「神に依存するとわれわれが言ったそれぞれの個物の本質そのものから、そのこと自体が結論されるほど、われわれの精神を感銘させはしない」、と。第一部は始源からの演繹的展開であり、第二部以降はそれを基礎から釈明する構成となっている。これは一つの循環構造を意味する。しかし、能産的自然から所産的自然への展開を逆に辿る訳ではない。各自が自らの精神の上で自覚的に産出のプロセスを証する道が、再度の展開である。

その意味で言えば、幾何学的叙述の理性的展開は、それを我が身のこととして自らの生に自覚的に投影してこそ、『エチカ』は真に活かされることになろう。そしてこの循環構造そのものが精神と身体を一体とする生命活動に重なり、その始源は実体の生命的統一にある。

「自己、神、もろもろのもの」のトリアーデ　もう一つ付け加えてこの読解を終えたい。スピノザの試みはまさに営々と試みられる哲学の営み自体であるとしてかまわない。そのことをスピノザ自身の言葉で確かめておこう。

第五部の終わり近くの定理三九の備考と最後の定理四二の備考で、精神が意識する「自己、神、もろもろのもの」というトリアーデ（三分法）が重ねて六回登場する。この「自己」とは精神自身を指し「もろもろのもの」を「世界」と呼び変えれば、まさにこのトリアーデは形而上学の「自我、神、世界」のトリアーデを指す。この三者の連関がどうなっているのかというのは、スピノザに固有のテーマと言うより伝統的な哲学的課題なのである。スピノザはこの課題に対して、思惟活動を自然に含め、その自然を能産的な自然と所産的な自然に分けて、前者を神とし後者を世界とし、その世界に自我をも含めることで一つの解決を得ようとしたと言うことができる。

「神即自然」とスピノザが言うとき（第四部序言）、彼の念頭にあったのは「もろもろのもの」自体が神ではなく、自然を自然にする能産的自然（Natura naturans）を神と見たのである（第一部定理二九備考）。その神の内在として「もろもろのもの」を見抜き直観する「精神の眼」が大切になろう。永遠を知らない者には神は見えないからである。或いはこう言ってもよい。時間に溺れるものには、いのちの大切さは分からない、と。

了

〈他の著作〉

〈第四部〉

〈第五部〉

〈第三部〉

引用命題等索引

『エチカ』

〈第一部〉

〈第二部〉

木田　元・池田善昭・三島憲一　編集委員

《哲学書概説シリーズ》全12巻　概要

Ⅰ　デカルト『方法序説』……………………　山田弘明
Ⅱ　スピノザ『エチカ』………………………　河井徳治
Ⅲ　ライプニッツ『モナドロジー』…………　池田善昭
Ⅳ　カント『純粋理性批判』…………………　有福孝岳
Ⅴ　ヘーゲル『大論理学』……………………　海老澤善一
Ⅵ　キェルケゴール『死に至る病』…………　山下秀智
Ⅶ　ニーチェ『ツァラツストラかく語りき』…　三島憲一
Ⅷ　フッサール『ヨーロッパ諸学の危機』‥　榊原哲也
Ⅸ　ホワイトヘッド『過程と実在』…………　山本誠作
Ⅹ　西田幾多郎『善の研究』…………………　氣多雅子
Ⅺ　ハイデガー『存在と時間』………………　後藤嘉也
Ⅻ　メルロ=ポンティ『知覚の現象学』……　加國尚志

《著者紹介》
河 井 徳 治（かわい　とくはる）
1935年　大阪生まれ
1955年　大阪大学理学部入学
1960年　大阪大学文学部哲学科卒業
1965年　大阪大学大学院博士課程修了
1993年　筑波大学 博士（文学）
元大阪産業大学人間環境学部教授
元スピノザ協会運営委員
2018年６月逝去

著書
『スピノザ哲学論攷――自然の生命的統一について』（創文社，1994年）
『ビジネスマンのための哲学がわかる本』（日本実業出版社，1980年）
『文化環境学のスペクトル』（三修社，2004年）（共著）
『生命倫理の現在』（世界思想社，1989年）（共著）など

訳書
ゲオルク・ピヒト『ヒューマン・エコロジーは可能か』（晃洋書房，2003年）
ゲオルク・ピヒト『ユートピアへの勇気』（法政大学出版局，1988年）
ゲオルク・ピヒト『いま，ここで』（法政大学出版局，1986年）（共訳）
C.F.v.ヴァイツゼカー『自然の統一』（法政大学出版局，1979年）（共訳）など

哲学書概説シリーズ Ⅱ
スピノザ『エチカ』

2011年６月20日　初版第１刷発行　　＊定価はカバーに
2023年６月15日　初版第４刷発行　　表示してあります

著　者　河 井 徳 治©
発行者　萩 原 淳 平
印刷者　藤 森 英 夫

発行所　株式会社　晃 洋 書 房
〒615-0026　京都市右京区西院北矢掛町７番地
電　話　075(312)0788番(代)
振替口座　01040-6-32280

ISBN978-4-7710-2277-5　　印刷・製本　亜細亜印刷㈱